ALLES ÜBER ARCHÄOLOGIE

VON SAURIERKNOCHEN, MUMIEN UND VERLORENEN SCHÄTZEN

MARTA GUZOWSKA

Mit Illustrationen von JOANNA CZAPLEWSKA

ALLES ÜBER ARCHÄOLOGIE

VON SAURIERKNOCHEN, MUMIEN UND VERLORENEN SCHÄTZEN

Aus dem Polnischen von MARLENA BREUER

KNESEBECK

EINLEITUNG

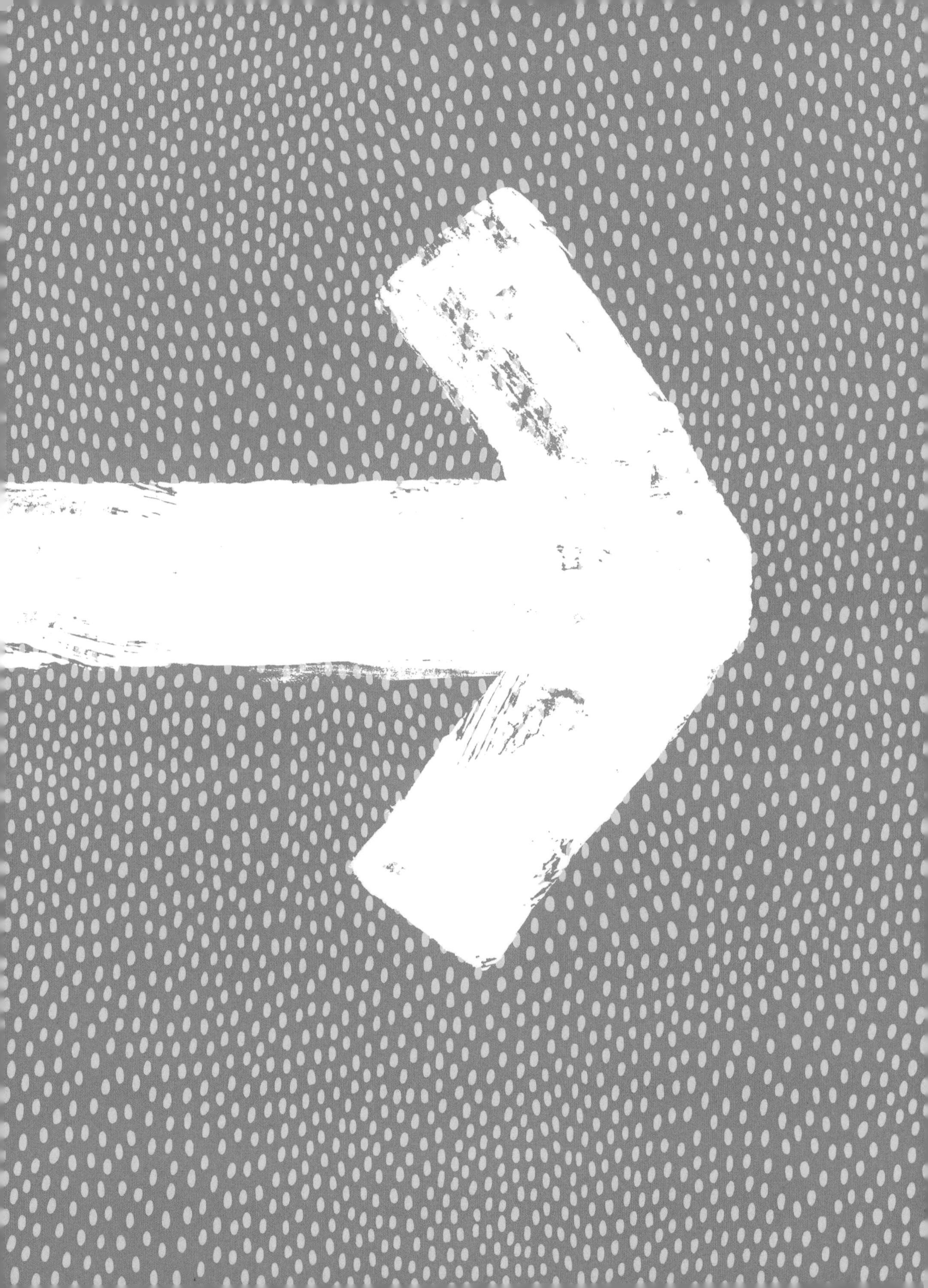

WOZU BRAUCHT DIE WELT ARCHÄOLOG:INNEN?

Wir Archäolog:innen beschäftigen uns mit der Vergangenheit, genau wie die Historiker:innen. Aber worin unterscheidet sich unsere Arbeit? Stell dir einen Beitrag in den sozialen Medien vor. Die Leute posten gerne ihre schönsten Fotos: von romantischen Spaziergängen am Strand oder im Wald, einer neuen Frisur, lustigen Dingen, die ihre Katzen gemacht haben ... Fast niemand postet, dass der Frisör den Pony schief geschnitten hat, der Strand zu voll ist, dass man im Wald knietief im Matsch versinkt oder die Katze den Tierarzt gekratzt hat.

Auch die Ereignisse in den historischen Dokumenten zeigen eine geschönte Wirklichkeit. Notizen mittelalterlicher Schreiber, die die Siege von König:innen feiern, offizielle Berichte von Militärkommandanten, Chroniken großer Familien ... Da gab es keinen Platz für Niederlagen. Nehmen wir zum Beispiel die Schlacht bei Kadesch, die die Armeen der Ägypter und der Hethiter im fünften Regierungsjahr von Pharao Ramses II. (um 1275 v. Chr.) austrugen. Die Schlacht endete wahrscheinlich unentschieden, aber beide Seiten berichteten von ihrem großen Sieg. Wem soll man da glauben?

Wenn die Arbeit von Historiker:innen ein bisschen so ist, als würde man Instagram-Posts studieren, so ist meine Aufgabe als Archäologin eher, die Handtasche einer anderen Person zu durchwühlen. In einer Handtasche findet sich so einiges: eine Rechnung der Reinigung, Kopfschmerztabletten, Blasenpflaster, Bonbonpapier ... Jedes dieser Dinge sagt etwas über die Person aus: dass ihre Waschmaschine kaputt ist, falls sie überhaupt eine besitzt, dass sie Kopfschmerzen hat oder hatte, dass ihre Schuhe drücken und dass sie gestern Bonbons gegessen hat.

Das sind alles Dinge, die Archäolog:innen über die Menschen aus der Vergangenheit wissen möchten. Wir wollen Informationen erhalten, die wir in offiziellen Quellen nicht finden. Sachen erfahren, die früher als unwichtig oder peinlich galten. Deshalb sind wir Archäolog:innen eigentlich ... Detektiv:innen. Wir müssen Hinweise untersuchen, um die Frage »Was ist hier passiert?« zu beantworten. Allerdings gehen Detektiv:innen Spuren nach, die nur ein paar Stunden oder Tage alt sind. Archäolog:innen aber befassen sich mit Spuren, die vor Hunderten oder Tausenden von Jahren zurückgelassen wurden. Deshalb sind sie verschwommen und schwer zu interpretieren. Wir müssen also hart arbeiten, um die Wahrheit aufzudecken.

WIE ARBEITEN ARCHÄOLOG:INNEN?

Hast du schon die Indiana-Jones-Filme gesehen oder Spiele mit Lara Croft gespielt? Wenn ja, weißt du bereits, wie Archäolog:innen nicht arbeiten.

Wir suchen nämlich nicht nach Schätzen. Natürlich freuen wir uns, wenn wir etwas aus Gold finden, aber das passiert sehr, sehr selten. Würden sich Archäolog:innen nur über Schätze freuen, wären sie meistens schlecht gelaunt.

Zum Glück ist Wissen für Forscher:innen der größte Schatz. Wir wollen wissen, wie das Leben vor Hunderten von Jahren war: Was haben die Menschen damals gegessen? Wo haben sie geschlafen? Wen haben sie geliebt? Mit wem haben sie Spaß gehabt und mit wem gestritten oder gekämpft?

Um diese Informationen zu erhalten, müssen Wissenschaftler:innen alles analysieren, was die Menschen hinterlassen haben. Manchmal ist es nur Müll: zerbrochenes Geschirr, kaputte Werkzeuge, Kohlen von einer Feuerstelle. Archäolog:innen wühlen sogar in antiken Müllhalden und in … Latrinen (also den Toiletten von früher). Du weißt gar nicht, wie viele interessante Dinge man dort finden kann!

Und das Wichtigste: Wahre Archäolog:innen würden niemals mit einer wertvollen Statue aus einem Tempel abhauen. Zuerst würden sie sich den Ort ansehen, an dem sie die Statue gefunden haben, und die anderen Gegenstände, die um sie herum zu finden sind. Danach würden sie die Statue fotografieren, vermessen und eine technische Zeichnung anfertigen. Erst dann würden sie ihren Fund vorsichtig in ein Labor bringen. Alte Gegenstände sind meistens sehr zerbrechlich, und bevor sie im Museum landen, sichern Restaurator:innen sie, damit sie nicht auseinanderfallen.

Wie läuft die Arbeit auf den Ausgrabungsstätten ab? Ganz am Anfang müssen die auf dem Gelände wachsenden Büsche geschnitten werden. Auch wenn es nicht so aussieht, ist das eine undankbare, langweilige und anstrengende Aufgabe – sie kann mehrere Tage dauern. Wenn der Boden freigelegt ist, geht es los. Zuerst werden Quadrate oder Rechtecke mit mehreren Metern Seitenlänge auf den Boden gezeichnet. Die Forscher:innen verwenden dazu einen Theodoliten (ein Gerät, das den Winkel anzeigt, in dem Linien im Gelände zueinander verlaufen). Bevor die Grabungen beginnen, werden

die markierten Ausgrabungen auf einer Karte eingezeichnet. Dazu brauchen die Archäolog:innen auch den Theodoliten und Maßbänder oder Entfernungsmesser. Wennn sie dabei Fehler machen, müssen sie wieder von vorne anfangen.

Erst wenn die einzelnen Segmente abgesteckt und sorgfältig auf der Karte eingezeichnet sind, beginnt das eigentliche Graben. Dieser Teil der Arbeit ist ziemlich einfach, aber nicht leicht, denn es erfordert viel Körperkraft, eine Schaufel in den Boden zu stoßen. Wenn sich die Archäolog:innen den Schichten nähern, in denen sie Zeugnisse der Vergangenheit vermuten, legen sie die Schaufeln beiseite und greifen zu präziseren Werkzeugen: Spachteln und manchmal sogar Pinseln. Kniend oder liegend legen sie dann langsam ihre Funde frei. Wie du dir vielleicht vorstellen kannst, brauchen wir viel Geduld. Und gute Augen, weil es im Boden viele Kleinigkeiten gibt, die leicht zu übersehen sind. Deshalb wird die Erde oft noch gesiebt. So finden wir zum Beispiel alte Getreidekörner.

Auf einer Ausgrabungsstätte kann es sehr kalt sein ... oder sehr heiß. In der Wüste bei bis zu 60 °C spannen die Archäolog:innen Stoffdächer auf, um ein bisschen Schatten zu haben. Sie fangen teilweise schon kurz nach Sonnenaufgang an, damit sie ihren Arbeitstag vor der größten Hitze beenden können. Archäolog:innen jenseits des Polarkreises haben ganz andere Probleme. Sie entzünden Feuer in Zelten, damit der Boden auftaut und sie graben können.

Die Arbeit im Gelände erstreckt sich in der Regel über mehrere Wochen im Jahr. Eine Ausnahme ist die Rettungsgrabung: Sie wird durchgeführt, wenn an einem interessanten Ort ein Bauprojekt geplant ist, beispielsweise ein Hochhaus oder eine Autobahn. Dann bemühen sich die Forscher:innen, alle wertvollen Gegenstände so schnell wie möglich zu retten.

Was machen Archäolog:innen nach der Ausgrabung? Wir ordnen das gesammelte Wissen und stellen es dann der ganzen Welt zur Verfügung, indem wir Bücher oder wissenschaftliche Artikel schreiben. Wir arbeiten auch oft im Labor, denn die Antworten auf manche Fragen werden erst unter dem Mikroskop sichtbar. So wurden durch die Vergrößerung unter den Linsen Spuren auf Steinen sichtbar, die uns verrieten, wie unsere ältesten Vorfahr:innen ihre Werkzeuge benutzten.

A

KLEINES ARCHÄOLOGISCHES WÖRTERBUCH

→ ABKÜRZUNGEN V. CHR. UND N. CHR.

Wie leben in der ersten Hälfte des 21. Jahrhunderts, aber das bedeutet nicht, dass unsere Zivilisation erst 2000 Jahre alt ist. Historiker:innen haben als Grenze zwischen »unserer« Zeit und allem, was vorher war, das allgemein angenommene Geburtsjahr von Jesus festgelegt (angenommen, weil wir nicht viel über ihn und seine Geburt wissen). Daher kommen die Abkürzungen n. Chr. (nach Christus) und v. Chr. (vor Christus). Die Jahre vor Christus zählen wir rückwärts! Eine Person, die 50 v. Chr. geboren wurde, ist also jünger als eine, die 51 v. Chr. auf die Welt kam. Außerdem gibt es kein Jahr 0. Nach 1 v. Chr. kommt sofort das Jahr 1 n. Chr.

→ ARCHÄOLOGISCHE AUSGRABUNGEN

sind alle Aktivitäten, die darauf abzielen, alte, von Menschen geschaffene Objekte aus dem Boden zu holen ... Wir sagen auch Unterwasserausgrabungen, was komisch ist, weil man im Wasser natürlich nicht graben kann!

→ ARCHÄOLOGISCHE KULTUR

Wenn Archäolog:innen von »Kultur« sprechen, ist nicht die Kultur einer Gruppe oder eines Landes gemeint. Die Archäologische Kultur bezeichnet alle Anzeichen menschlicher Aktivitäten, die in einem bestimmten Gebiet zu einer bestimmten Zeit entstanden sind. Und diese Zeit kann sehr lang sein. Zum Beispiel dauerte die minoische Kultur auf Kreta 1500 und die jungpaläolithische Kultur Magdaléniens 7000 Jahre!

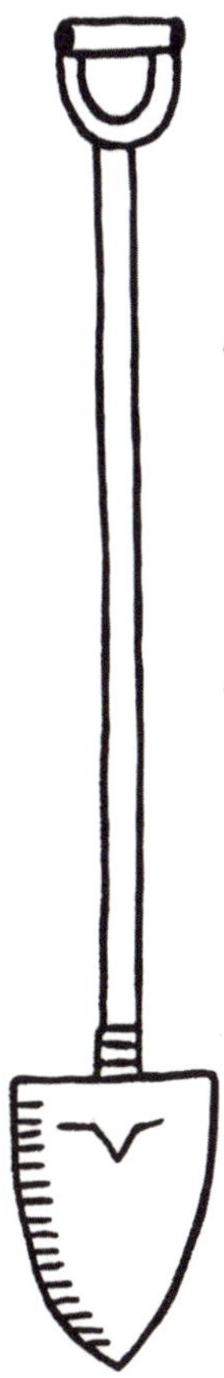

ARCHÄOLOGISCHE STÄTTE

Stätten sind Orte, an denen Spuren vergangener menschlicher Aktivitäten zu finden sind, die von Archäolog:innen untersucht werden. Eine Stätte kann eine alte Siedlung oder ein Gräberfeld sein, aber auch ein Ort, an dem unsere Vorfahr:innen Werkzeuge hergestellt haben.

ARTEFAKT

Dieses schwierige Wort bezeichnet etwas sehr Einfaches: jedes Objekt, das von Menschenhand hergestellt wurde. Also alles, was aus Kulturen stammt, nicht aus der Natur.

»AUF DEM GEBIET DES HEUTIGEN DEUTSCHLANDS«, NICHT »IN DEUTSCHLAND« - GIBT ES DA EINEN UNTERSCHIED?

Ja! Archäolog:innen untersuchen Artefakte, die viel früher entstanden sind als die heutigen Staaten. Ihre Grenzen und Namen spielen für unsere Arbeit keine Rolle. Wenn ich dir also von der Siedlung Çatalhöyük erzähle, die vor 9000 Jahren entstand, muss ich hinzufügen, dass sie sich auf dem Gebiet der *heutigen* Türkei befand, nicht in der Türkei, die es damals noch nicht gab!

15

FRAGEN, DIE ARCHÄOLOG: INNEN AM HÄUFIGSTEN HÖREN

Frage 1

WARUM BEFINDEN SICH ALTE DINGE EIGENTLICH UNTER DER ERDE?

Stimmt, warum müssen wir Gegenstände aus der Vergangenheit eigentlich ausgraben? Und warum befinden sie sich tiefer unter der Erde, je älter sie sind?

Durch Luftbewegungen, Temperaturveränderungen und Feuchtigkeit zersetzt sich harter Fels langsam, er zerbröckelt in Steine, zerfällt zu Steinchen und schließlich zu Staub, der sich auf dem Boden absetzt und selbst zu Erde wird (das ist eine vereinfachte Beschreibung, weil noch viele andere Faktoren dazu beitragen, dass Erde entsteht). Die Erdschichten nehmen ständig zu. Pro Jahr ist das nicht viel, du kannst den Unterschied nicht mit bloßem Auge sehen. Aber überleg dir, was sich in 1000 Jahren ansammeln kann. Oder in 5000!

Wenn du eine Kirche besichtigst, die vor 1000 Jahren oder noch früher erbaut wurde, kannst du auf Folgendes achten: Von der Straße aus musst du Treppen nach unten gehen, um zum Eingang zu gelangen. Das könnte daran liegen, dass seit dem Bau der Kirche die Erdschichten dicker geworden sind. Die Kirche musste vermutlich erst ausgegraben werden. Je älter etwas ist, desto tiefer im Boden müssen Archäolog:innen danach suchen.

ABTRAGUNG DURCH WASSER

Frage 2

WOHER WEISS MAN, WO MAN GRABEN MUSS?

Meistens … aus einem Buch.

Archäolog:innen müssen sehr viel lesen. Bevor wir eine Schaufel in den Boden stoßen, sollten wir alle Beschreibungen der Stätten kennen, die wir erforschen wollen. Und zwar nicht nur die modernen. Als Allererstes werden antike und mittelalterliche Quellen über vergessene Orte gesucht. Allein durch aufmerksames Lesen machen wir manchmal schon erstaunliche Entdeckungen. Zum

Beispiel ermittelte Rafael Lewis von der Universität Haifa im Zuge seiner Lektüre mittelalterlicher Chroniken den genauen Ort der berühmten Schlacht von Arsuf, in der Richard Löwenherz und Sultan Saladin während des Dritten Kreuzzugs aufeinandertrafen. Als Archäolog:innen schließlich an dem Ort gruben, den Lewis ihnen angegeben hatte, fanden sie Hufeisen und Waffen aus dieser Zeit.

Eine gute Möglichkeit herauszufinden, wo gegraben werden muss, sind Begehungen, für die manchmal der englische Begriff *survey* verwendet wird. Bei einer Begehung laufen Forscher:innen und häufig auch Student:innen in einem Abstand von mehreren Metern langsam nebeneinander über die markierte Fläche und schauen dabei konzentriert nach unten. Wenn sie etwas finden, zum Beispiel eine Scherbe, heben sie sie auf, beschreiben sie und markieren sie auf der Karte. Natürlich kann man überall alte Gegenstände finden, aber auf der Oberfläche archäologischer Stätten gibt es viel mehr davon als anderswo.

Die Begehungen werden am häufigsten im Frühjahr und Herbst auf frisch gepflügten Feldern durchgeführt. Durch die Feldarbeiten und die Regenfälle im Frühling und im Herbst kommen verschiedene Schätze aus dem Boden an die Oberfläche.

Frage 3

WAS FINDEN ARCHÄOLOG:INNEN?

Du weißt bereits, dass wir selten goldene Kronen ausgraben. Seien wir ehrlich, archäologische Funde erinnern meist an Müll. Oftmals sind es nur Dinge, die die Menschen wegwarfen, weil sie sie nicht mehr brauchten, oder zurückließen, als sie ihr Zuhause verließen. Also Gegenstände, die beschädigt oder nicht mehr viel wert waren.

Am häufigsten stoßen Archäolog:innen auf Töpferwaren, also Gefäße aus gebranntem Ton (es sei denn, sie erforschen sehr alte Kulturen – solche, die noch keine Töpferwaren herstellen konnten). Du denkst jetzt sicher an die schön bemalten griechischen Vasen. Von wegen! Wir holen meist Scherben aus dem Boden, aus denen sich nicht mal ein ganzes Gefäß zusammensetzen lässt. Diese Überreste sind trotzdem von großem Wert, weil wir durch sie feststellen können, aus welchem Zeitraum die Stätte stammt. Wie ist das möglich? Blätter ein paar Seiten weiter und lies die Antwort auf die Frage: »Woher wissen Archäolog:innen, wie alt ein Fund ist?«

Auch Häuser werden nicht vollständig gefunden. Es ist praktisch unmöglich, einen Raum auszugraben, der immer noch vier Wände, einen Boden und eine Decke hat. Normalerweise stößt man nur auf Fundamente und manchmal auf 20, 30 Zentimeter hohe Mauerreste.

Archäolog:innen graben auch Werkzeuge aus, die für Hausarbeiten oder zur Herstellung anderer Gegenstände verwendet wurden. Sie sind in der Regel aus Stein, manchmal aus Knochen, Horn oder Holz. Wir finden nicht oft Werkzeuge aus Kupfer, Bronze oder Eisen. In der Vergangenheit waren Metallgegenstände so wertvoll, dass sie, wenn sie kaputt waren, nicht weggeworfen, sondern eingeschmolzen und wiederverwendet wurden. Die seltensten Funde bei einer Ausgrabung sind aus organischen Materialien wie Stoff oder Leder, weil sie am schnellsten zerfallen.

Es gibt jedoch Zeitkapseln, die bis heute unverändert sind: In der Regel sind das Gräber. Sofern sie nicht von Räubern geplündert wurden (was Diebe in fast allen Epochen der Geschichte und allen Teilen der Welt getan haben), bleiben sie von dem Moment an intakt, in dem die Verstorbenen begraben wurden. Wenn Archäolog:innen so ein Grab finden, sind sie sehr aufgeregt. Das bedeutet nämlich, dass sie alles genau an dem Platz sehen können, wo es damals abgelegt wurde.

Zeitkapseln können auch durch Erdbeben beschädigte Gebäude sein. Während einer solchen Katastrophe fallen die Wände wie ein Kartenhaus zusammen und begraben alles unter sich, manchmal auch Menschen und Tiere.

Die bekanntesten Zeitkapseln sind die römischen Städte Pompeji und Herculaneum im heutigen Italien. Als im Jahr 79 n. Chr. der Vulkan Vesuv ausbrach, wurden diese Städte unter Gesteinsbrocken, Lava und Asche begraben. Nicht vielen Menschen gelang die Flucht, und diejenigen, die es schafften, nahmen fast nichts mit. Heute können wir in ihren Häusern perfekt erhaltene Möbel, Statuen, Mosaike und Wandmalereien sehen.

Frage 4

WARUM SIND EINIGE FUNDE IN EINEM BESSEREN ZUSTAND ALS ANDERE?

Archäolog:innen untersuchen oft Objekte, die vor Jahrhunderten zerstört wurden, wie zum Beispiel zerbrochenes Geschirr. Im Boden zersetzen sie sich dann noch mehr.

Natürlich gibt es Materialien, die lange überdauern. Am haltbarsten sind Stein und gebrannter Ton (aus dem Ziegel oder Gefäße hergestellt wurden). Metalle werden brüchig und rosten, wenn sie über längere Zeit Luft und/oder Feuchtigkeit ausgesetzt sind. Die Oberfläche von Glas blättert in regenbogenfarbenen Schuppen ab (was wirklich schön aussieht!). Organische Materialien – also Leder, Holz, Stoff – verrotten einfach. Der Zustand, in dem wir alte Gegenstände finden, hängt von den Bedingungen ab, unter denen sie die letzten Jahrhunderte oder Jahrtausende verbracht haben. Für die Konservierung ist eine kalte, trockene Umgebung am besten, aber manchmal auch Feuchtigkeit.

KÄLTE

Du weißt selbst, dass Kälte gut konserviert. Wenn du deine Lebensmittel vorm Schimmeln bewahren möchtest, legst du sie in den Kühlschrank oder ins Gefrierfach. Für alte Gegenstände ist Permafrost – also Boden, der unabhängig von der Jahreszeit für lange Zeit gefroren ist – wie ein Gefrierfach.

Die berühmtesten archäologischen Funde, die dank des frostigen Klimas erhalten geblieben sind, stammen aus Sibirien, einer Region im Norden Russlands. Auf dem Kurganen-Friedhof Pasyryk (Kurgane sind hügelförmige Gräber) im Altai-Gebirge wurden die Leichen von Menschen entdeckt, die vor etwa 2400 Jahren gestorben waren. Die Leichen sind so gut erhalten, dass man noch die Tätowierungen auf der Haut der Bestatteten sehen kann. In Pasyryk wurde auch Kleidung entdeckt: Hemden, bestickte Kaftane und mit Federn

verzierte Kopfbedeckungen aus Leder. Unter anderen Bedingungen wäre nach so langer Zeit nichts mehr davon übrig gewesen.

In Sibirien gibt es auch gefrorene Mammute mit Haut und Fell und sogar ... mit ihrer letzten Mahlzeit im Magen. Das ist dann aber nicht mehr die Sache von Archäolog:innen, sondern ein Fall für die Archäozoologie (auch ein faszinierendes Forschungsgebiet!).

Einer der erstaunlichsten Funde, der dank der Kälte überdauert hat, ist Ötzi. Als Wanderer 1991 auf einem Gletscher in Südtirol eine Leiche entdeckten, riefen sie die Polizei, weil sie dachten, es sei eine Person, die erst kürzlich gestorben war. Doch der Mann, den sie gefunden hatten, war schon mehr als 5000 Jahre tot!

→ TROCKENE UMGEBUNG

Auch Trockenheit hilft empfindlichen Gegenständen zu überdauern, denn diese trocknen unter solchen Bedingungen aus, anstatt zu zerfallen. Im alten Ägypten begrub man die Toten, bevor die berühmte Mumifizierung erfunden wurde, im heißen Wüstensand. Und es funktionierte: Viele Körper haben bis heute fast unverändert überdauert – mitsamt Haut, Nägeln und Haaren.

Im Grab von Pharao Tutanchamun fand man Holzkisten und Ledersandalen. Sie wurden in der trockenen und versiegelten Grabkammer gut erhalten.

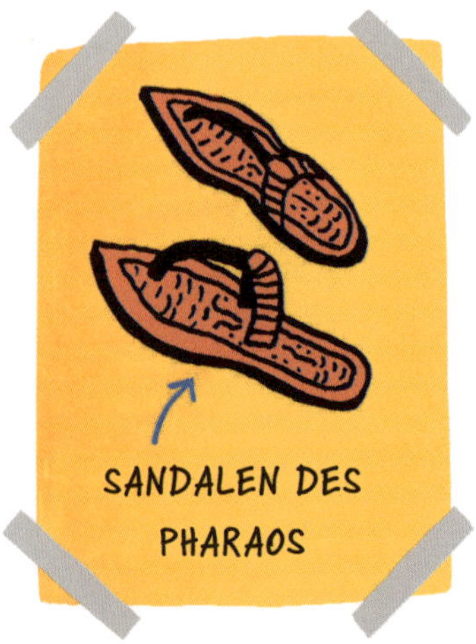

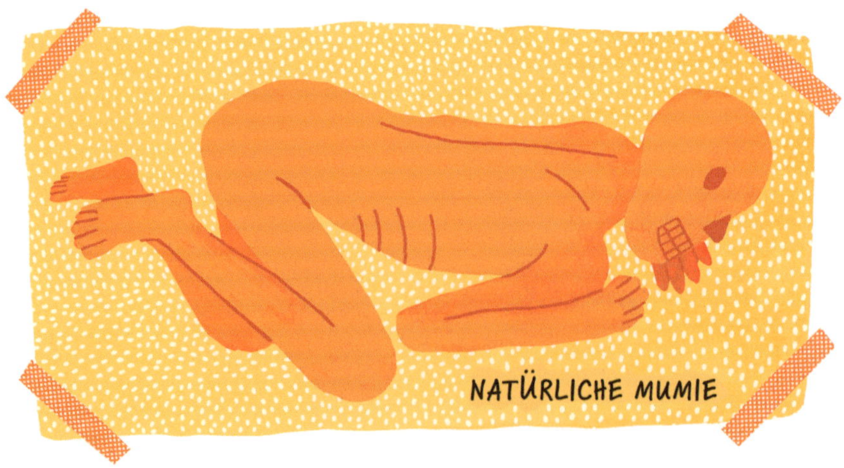

→ **FEUCHTIGKEIT**

Seltsamerweise konserviert auch Feuchtigkeit alte Gegenstände. Allerdings muss das Wasser sauerstoffarm sein und am besten kalt und salzig. Die schwedische königliche Galeone Vasa, die 1628 sank, überdauerte viele Jahre in einer solchen Umgebung. Als das Schiff 1961 an die Oberfläche geholt wurde, zerfiel das Holz beim Kontakt mit der Luft jedoch. Aus dem Wasser entnommene Gegenstände müssen daher sofort konserviert werden. Haben die Archäolog:innen diese Möglichkeit nicht, lassen sie ihren Fund meist im Wasser liegen.

Frage **5**

MÜSSEN ARCHÄOLOG:INNEN IMMER GRABEN?

Nein! Ausgrabungen sind eine langsame, mühsame Arbeit. Zudem gibt es die untersuchte Stätte dann nicht mehr, nur Teile von ihr schaffen es ins Museum. Deshalb suchen Wissenschaftler:innen unermüdlich nach neuen Methoden, um die Geheimnisse der Vergangenheit schneller und schonender zu ergründen.

→ **LUFTBILDARCHÄOLOGIE**

Manchmal betrachten Archäolog:innen Stätten aus der Vogelperspektive. Sie begannen damit vor dem Ersten Weltkrieg. Damals fotografierten sie die römischen Ruinen des Hafens von Ostia aus einem Ballon und Ausgrabungsstätten im Sudan von einem Drachen aus!

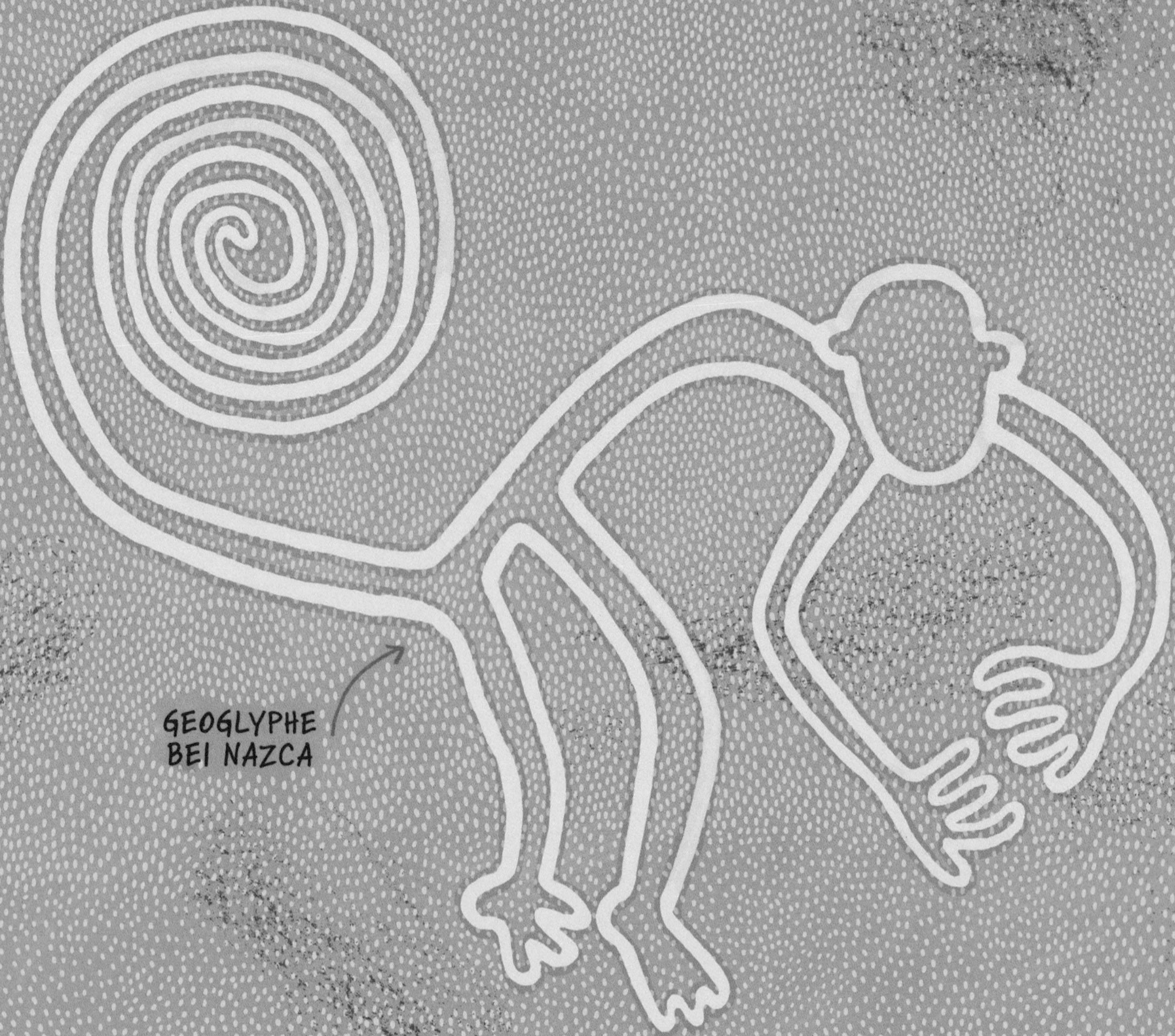

Die Luftbildarchäologie ist sehr nützlich, um Bauwerke zu untersuchen, die große Gebiete umfassen – wie zum Beispiel die Chinesische Mauer oder den Limes (die Befestigungsanlagen an der Grenze zum Römischen Reich). Wenn wir aus großer Höhe auf die Erde blicken, gewinnen wir eine ganz neue Sicht auf die Dinge. Auf diese Weise wurden die zwischen dem 2. Jahrhundert v. Chr. und dem 5. Jahrhundert n. Chr. entstandenen berühmten Geoglyphen (riesige Zeichnungen auf der Erdoberfläche) auf vier Hochebenen nahe der Stadt Nazca im Südwesten Perus entdeckt. Vom Boden aus sieht man nur einzelne Linien. Aus der Höhe betrachtet ergeben sie Sinn, sie verschmelzen und verwandeln sich in Affen, einen Hund, eine Spinne, einen Kolibri und andere Tiere, Pflanzen sowie geometrische Muster. Einige Leute denken, dass die Geoglyphen von Nazca von Außerirdischen geschaffen wurden, aber ich glaube es nicht. Schon immer leisteten die Menschen auf der Erde Außergewöhnliches.

Dank der Luftbildarchäologie (für die immer häufiger Drohnen eingesetzt werden) entdecken wir interessante Funde nicht nur am Boden, sondern auch unter der Erde. Wo Gräser oder Getreide eine andere Farbe haben als auf dem Rest des Geländes, erwarten wir im Boden verborgene Ruinen.

Aus der Luft lassen sich auch Objekte untersuchen, die zunächst unsichtbar sind, weil sie sich zum Beispiel unter Baumwipfeln befinden. Wissenschaftler:innen verwenden dann eine Technologie namens LiDAR (Abkürzung für *Light Detection and Ranging*). Ein am Flugzeug angebauter Laser sendet kurze und sehr starke Lichtimpulse Richtung Boden. Wenn diese Impulse von Objekten zurückgeworfen werden, werden sie von einem Teleskop erfasst und dann von einem Computer analysiert. So entdeckten Archäolog:innen eine Siedlung im honduranischen Dschungel: wahrscheinlich die sagenumwobene Weiße Stadt, die bis vor Kurzem noch als Legende galt.

→ ARCHÄOLOGIE OHNE SCHAUFELN

Wusstest du, dass Archäolog:innen eine Stätte untersuchen können, ohne jemals eine Schaufel in den Boden zu stoßen? Das gelang zum Beispiel in der römischen Stadt Carnuntum im heutigen Österreich. Sie entdeckten dort etwas Einzigartiges: eine Schule, in der Gladiatoren (Sklaven, die im antiken Rom in der Arena gegeneinander antraten) das Kämpfen erlernten. Archäolog:innen gruben die Gebäude dieser Schule jedoch nicht aus, sondern nutzten einen Bodenradar, um sie zu erforschen. Dieses Gerät besteht aus einem großmaschigen Gitter, das auf den Boden gelegt wird, und dem Radar, den die Forscher:innen auf dem Rücken tragen müssen. Dann gehen sie damit in einem gleichmäßigen und nicht zu schnellen Tempo über die Fläche, auf der das Gitter liegt: zuerst entlang der senkrecht verlaufenden Linien in eine Richtung, dann quer dazu in eine andere (oder andersrum). Manchmal, besonders an heißen Tagen, ist das wirklich harte Arbeit, denn das Gerät wiegt etwa zwanzig Kilo! Wie LiDAR sendet auch der Bodenradar ein Signal tief in den Boden, und dann wird gemessen, wann die Signale zum Gerät zurückkehren. Auf diese Weise kann man Gebäude sogar

mehrere Meter unter der Erde »sehen«. Größere Radargeräte senden stärkere Signale – bis zu 100 Meter tief. Sie sind aber so schwer, dass sie auf Jeeps oder Quads transportiert werden müssen.

Um Ausgrabungen ohne Schaufeln durchzuführen, verwendet man ein Gerät, mit dem kleine Abweichungen in der Stärke des Erdmagnetfelds gemessen werden können. Verursacht werden diese Abweichungen unter anderem durch Gegenstände aus Eisen, weil dieses von Magneten angezogen wird. So können zum Beispiel eisenhaltige Werkzeuge gefunden werden.

→ UNTERWASSERARCHÄOLOGIE

Archäolog:innen interessiert natürlich auch, was sich in Meeren, Seen und Flüssen verbirgt. Und es geht nicht nur um versunkene Wracks. Forscher:innen graben überflutete Städte, alte Häfen, eingestürzte Brücken, Brunnen und natürlich Panzer und Flugzeuge aus dem Zweiten Weltkrieg aus.

Die Arbeit unter Wasser ist sehr schwierig: Archäolog:innen an Land arbeiten acht Stunden am Tag. Taucher:innen hingegen müssen das Wasser nach zwei Stunden verlassen, um sich auszuruhen. Außerdem dürfen sie am Grund des Gewässers keinen Schlamm aufwühlen, weil sie sonst nichts mehr sehen können. Aus diesem Grund verwenden Taucher:innen in Unterwasserstätten oft so etwas wie kleine Staubsauger, um Sand und Schlick aufzusaugen. Sie zeichnen auf Kunststoffplatten und fotografieren mit wasserdichten Kameras.

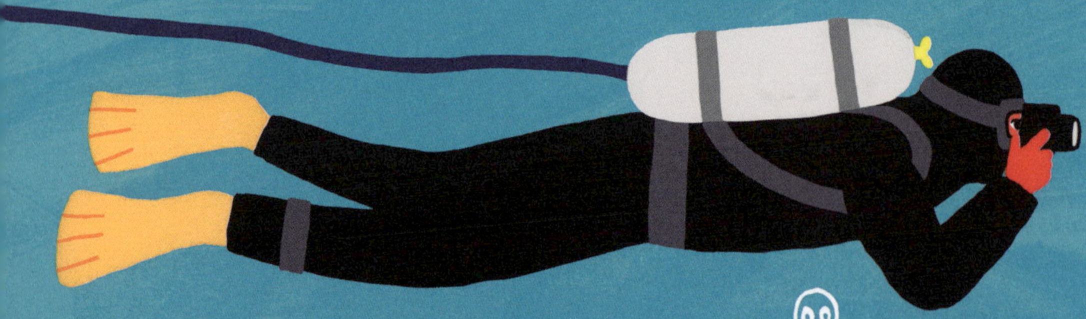

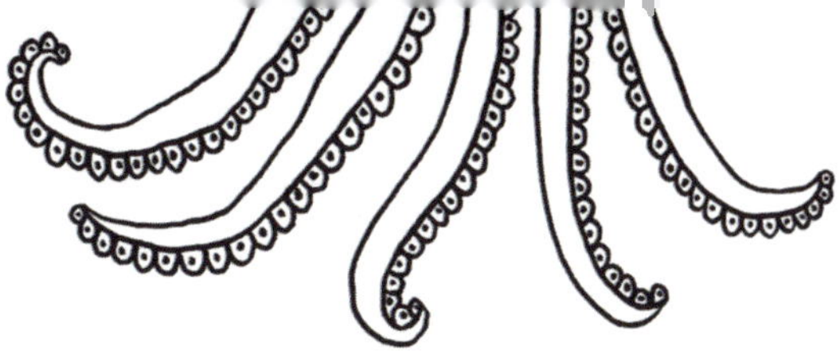

Frage **6**

WOHER WISSEN ARCHÄOLOG:INNEN, WIE ALT EIN FUND IST?

Die Altersbestimmung von Fundstücken ist die schwierigste und gleichzeitig wichtigste Aufgabe von Archäolog:innen. Es gibt die relative und die absolute Datierung. Mit der Ersten lässt sich feststellen, was älter und was jünger ist. Und letztere bestimmt, wie alt ein Gegenstand ist, ohne ihn mit anderen Gegenständen zu vergleichen. Wenn du Geschwister hast, weißt du, wovon ich spreche. Die relative Altersangabe sagt anderen, ob dein Bruder oder deine Schwester älter oder jünger ist als du, aber sonst nichts. Bei der absoluten Altersbestimmung würde man berechnen, wie viele Jahre, Monate und Tage (und sogar Stunden und Minuten) alt jeder von euch ist.

Um das relative Alter eines Gegenstands oder Gebäudes zu bestimmen, verwenden Archäolog:innen eine dieser zwei Methoden (oder beide): Die erste ist die Stratigrafie. Ihr Hauptprinzip lautet: Was unten ist, ist älter als das, was oben ist. Wenn du ein halb aufgegessenes Salamibrot auf einen angeknabberten Keks legst, können sich andere sofort denken, dass du zuerst die Kekse und dann dein Pausenbrot gegessen hast: Der Keks lag zuerst auf dem Tisch.

Die zweite Methode ist die Typologie, die auf der Annahme basiert, dass Gegenstände in jedem historischen Zeitraum etwas anders aussehen. Zum Beispiel sieht das Auto, das deine Eltern fahren, völlig anders aus als das, das deine Urgroßeltern hatten, obwohl es die gleiche Funktion erfüllt – die Familie von Ort zu Ort zu transportieren. Archäolog:innen wissen immer mehr darüber, wie Werkzeuge, Häuser oder Gefäße in den unterschiedlichen Epochen aussahen. Wenn sie also auf Kreta eine Scherbe mit dem Bild eines

GEFÄSS AUS DER MINOISCHEN EPOCHE

Tentakels finden, vermuten sie, dass es sich um ein Gefäß handelt, das mehr oder weniger aus dem zweiten Jahrtausend v. Chr. stammt, in dem die Minoer lebten. Denn die stellten sehr gern Tintenfische auf Objekten dar.

Es ist kein Zufall, dass ich dir eine Scherbe als Beispiel nenne. Keramik ist für die typologische Methode aus zwei Gründen von besonderer Bedeutung. Erstens finden Archäolog:innen am häufigsten zerbrochene Gefäße. Sie haben also viel Stoff für ihre typologischen Puzzle. Zweitens haben sich die Formen und Arten der Dekoration von Steingut in der Vergangenheit sehr oft geändert, sodass manchmal eine einzige Scherbe ausreicht, um zu wissen, aus welcher Zeit die Bodenschicht stammt, in der sie gefunden wurde. Zudem ist Keramik nahezu unverwüstlich. Gefäße zerbrechen, aber ihre Scherben überdauern für Tausende Jahre im Boden. Aus diesem Grund wird Keramik oft als archäologischer Kalender bezeichnet.

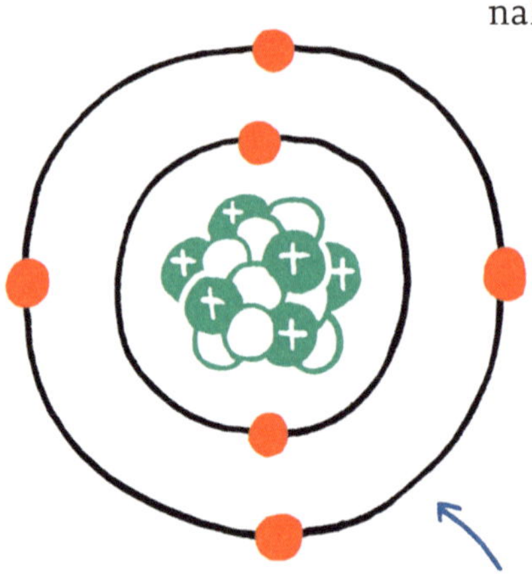

Das genaue Alter der gefundenen Gegenstände herauszufinden, ist viel schwieriger. Archäolog:innen verwenden zu diesem Zweck eine Vielzahl von Methoden, ein oder zwei reichen nicht aus. Die bekannteste davon ist die C14-Messung. Durch sie lässt sich bestimmen, wie alt Objekte aus organischen Materialien sind. Die Methode nutzt die Tatsache, dass in allen Lebewesen eine nicht besonders stabile Variante des Elements Kohlenstoff vorhanden ist: C14. Die kleinsten Bausteine von C14 zerfallen mit der Zeit, während die anderer Kohlenstoffvarianten ewig halten. Pflanzen, Tiere und auch Menschen nehmen mit der Nahrung immer wieder C14 auf. Wenn nun ein Baum gefällt wird oder ein Tier stirbt, nimmt die Menge von C14 langsam ab: Chemiker haben festgestellt, dass nach 7530 Jahren (plus/minus vierzig Jahre, genauer lässt sich das nicht messen) nur noch die Hälfte übrig ist. Wenn wir also untersuchen, wie viel C14 sich in einer ausgegrabenen Ledertasche befindet, können wir zählen, wie viel Zeit seit dem Tod des Tieres, aus dessen Haut sie gemacht wurde, vergangen ist. Wir können auch das Holz einer Hütte untersuchen und bestimmen, wann der Baum gefällt worden ist, mit dem sie gebaut wurde.

Eine weitere Methode, das Alter von Holz zu messen, ist die Dendrochronologie (*dendron* ist das altgriechische Wort für Baum, *chronos* für Zeit). Du weißt wahrscheinlich, was die Ringe in Baumstämmen bedeuten: Jedes Jahr wächst eine weitere Holzschicht hinzu. Je mehr Ringe, desto älter also der Baum. Die Ringe sind jedoch nicht identisch: Der Baum wächst bei kaltem oder trockenem Wetter langsamer und produziert nur einen dünnen Ring, bei guten Wetterbedingungen einen breiteren. Aus diesen Kreisen bildet sich ein charakteristisches Muster, das Archäolog:innen lesen können wie Seeleute ihre Morsezeichen. Durch die Untersuchung der Ringe können wir sogar das Alter mehrere tausend Jahre alter Balken bestimmen.

Frage 7

WAS PASSIERT MIT DEN DINGEN, DIE ARCHÄOLOG:INNEN AUSGRABEN?

Empfindliche Gegenstände aus rostendem Metall oder aus organischen Materialien müssen schnellstmöglich für die Restaurierung in eine Werkstatt transportiert werden. Sonst zerfallen sie unter dem Einfluss von Sonnenlicht und Luft. Aber auch die witterungsbeständige Keramik landet oft in einer solchen Werkstatt. Die Restaurator:innen prüfen, ob sich aus den Scherben ein ganzes Gefäß zusammensetzen lässt. Das hat was von einem Puzzle und erfordert sehr viel Geduld! Wenn sie fertig sind, übergeben sie die schönsten und interessantesten Exemplare an Museen. Die restlichen Stücke werden aufbewahrt und von anderen Archäolog:innen analysiert.

FRAGE 8

WIE KLEIDEN SICH ARCHÄOLOG:INNEN?

Wir tragen normalerweise Hosen mit großen Taschen **(1)**, in denen wir viele Dinge aufbewahren: Bleistifte, ein Maßband, einen Meterstab **(2)** und einen Kompass **(3)**. Die Hose kann kurz sein, aber wir Archäolog:innen bevorzugen lange Hosen, weil wir oft auf der Erde oder auf Steinen knien, was mit bloßen Knien unangenehm ist. Um einen Sonnenbrand zu vermeiden, tragen wir trotz Hitze langärmlige Hemden **(4)**, außerdem eine Kappe oder einen Hut **(5)**. Es gibt also doch Ähnlichkeiten mit Indiana Jones ... Eine Jacke oder eine dicke Weste schadet auch nicht **(6)**. Denn in warmen Ländern ist es am Morgen eher kühl, und die Arbeiten in der Ausgrabungsstätte beginnen meist im Morgengrauen.

Ganz anders ziehen sich Archäolog:innen an, wenn sie in der Kälte arbeiten. Dann tragen wir mehrere Schichten wie eine Zwiebel. Das ist unerlässlich, wenn man stundenlang in einer sehr kalten Grube sitzt oder kniet.

Unabhängig vom Wetter tragen Archäolog:innen immer Kleidung, die schmutzig werden darf. Wenn wir von der Ausgrabungsstätte zurückkommen, wandern fast alle Kleidungsstücke direkt in die Waschmaschine (falls eine vorhanden ist!). Nur die Jacken nicht, die müssen – auch wenn sie furchtbar matschig sind – bis zum Ende der Saison auf ihre Wäsche warten. Im Labor tragen Archäolog:innen oft Kittel, ähnlich wie Ärzt:innen. Manche von uns lehren auch an Universitäten und kleiden sich dann ganz normal und sogar elegant!

Frage **9**

WO PINKELN ARCHÄOLOG:INNEN?

Die Arbeit auf dem Feld ist in mancher Hinsicht wie ein Wandertag im Wald. Normalerweise gibt es in der Nähe der Ausgrabungsstätten keine Toiletten, und die Archäolog:innen müssen in die Büsche pinkeln. Blöd wird es, wenn es keine Büsche gibt. Und in der Wüste – das ist eine echte Herausforderung!

Frage **10**

WAS ESSEN ARCHÄOLOG:INNEN WÄHREND DER AUSGRABUNG?

Du vermutest richtig. In der Nähe der Ausgrabungsstätte fehlen nicht nur Toiletten. Es gibt in der Regel auch keine Restaurants oder Lebensmittelgeschäfte. Wir müssen also unser eigenes Essen mitbringen. Und natürlich viel Wasser, weil man beim Graben in der Hitze schwitzt.

Bei den Ausgrabungen sind auch einheimische Arbeiter:innen beschäftigt, sodass es oft die Gelegenheit gibt, die lokale Küche kennenzulernen. In den Pausen teilen sich alle das Essen, manchmal organisieren sie sogar ein gemeinsames Buffet.

Frage **11**

GIBT ES ÜBERHAUPT NOCH ETWAS AUSZUGRABEN?

Na sicher! Wissenschaftler:innen schätzen, dass wir es bisher geschafft haben, höchstens ... zwei Prozent aller in der Erde verborgenen Schätze zu entdecken. Wenn du also Archäologin oder Archäologe werden willst, musst du keine Angst haben, dass dir die Arbeit ausgeht!

Frage **12**

GRABEN ARCHÄOLOG:INNEN DINOSAURIER AUS?

Nein. Archäolog:innen befassen sich mit dem, was die Menschen in der Vergangenheit geschaffen haben, also mit Keramik, Häusern, Werkzeug, Schmuck ... Die ältesten Steinwerkzeuge unserer Vorfahren sind über drei Millionen Jahre alt, aber die Dinosaurier lebten viel früher. Sie entwickelten sich vor mehr als 230 Millionen Jahren aus einer Reptilienuntergruppe und starben vor 66 Millionen Jahren aus, wahrscheinlich nach einem Meteoriteneinschlag.

Mit prähistorischen Reptilien und anderen fossilen Organismen beschäftigt sich die als Paläontologie bekannte Wissenschaft. Paläontolog:innen arbeiten völlig anders als Archäolog:innen, denn Überreste, die einige Millionen Jahre alt sind, muss man mit besonderen Methoden ausgraben und konservieren.

Was also machen Archäolog:innen, wenn sie versehentlich Dinosaurierreste an der Grabungsstätte entdecken? Das ist zwar sehr unwahrscheinlich, aber sollte es doch mal passieren, müssen sie den Paläontolog:innen Bescheid geben.

Frage 13

SIND ALTE SKELETTE EKLIG?

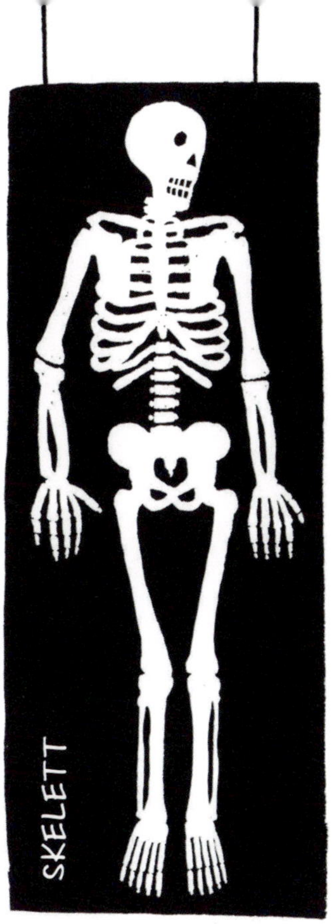

Nein. Knochen, die mehrere Hundert Jahre im Boden liegen, sind ziemlich sauber. An ihnen befinden sich kaum Bakterien, die Fäulnis verursachen. Weichteile wie Muskeln, Haut und Eingeweide bauen sich innerhalb weniger Jahre vollständig ab und hinterlassen ein Skelett, das überhaupt nicht stinkt.

Für alle Fälle berühren die Archäolog:innen die Knochen jedoch mit Handschuhen. Schließlich könnten Bakterien oder Viren, die gefährliche Krankheiten verursachen, im Boden um die Skelette herum überlebt haben. Außerdem müssen die Forscher:innen darauf achten, keine Spuren auf den Knochen zu hinterlassen, sie beispielsweise nicht mit einem Ring zu zerkratzen.

Frage 14

IST DIE ARBEIT VON ARCHÄOLOG:INNEN GEFÄHRLICH?

Du weißt ja mittlerweile, dass Archäolog:innen nicht mit einer goldenen Statue in der Hand wegrennen, um nicht von einer großen Steinkugel überrollt zu werden. Das bedeutet jedoch nicht, dass sie keine Unfälle haben können! Unter Archäolog:innen sind Verstauchungen, Verbrennungen, Sonnenstiche, Schnittwunden (von einer Schaufel oder einer Spitzhacke) nicht unüblich. Pechvögel bekommen auch schon mal einen Schlangenbiss. In Ländern, in denen giftige Reptilien leben, bewahren die Leiter:innen der Ausgrabungsprojekte im Kühlschrank normalerweise die wichtigsten Gegengifte auf.

Leider – jetzt wird es ernster – starben Archäolog:innen durch die Taten von Extremist:innen. Der syrische Wissenschaftler Khaled Asaad, Dozent und pensionierter Direktor des Museums in Palmyra, wurde von Anhängern des Islamischen Staates ermordet – einer terroristischen Gruppe, die einen illegalen Staat errichten wollte. Die Terroristen ermordeten den Wissenschaftler, weil er ihnen nicht verraten wollte, wo sich die antiken Denkmäler aus Palmyra befanden. Khaled Asaad schwieg, weil er wusste, dass die Terroristen sie entweder zerstören oder an private Sammler:innen verkaufen würden.

Frage **15**

WELCHE FUNDE SAGEN DEN ARCHÄOLOG:INNEN AM MEISTEN?

→ **MÜNZEN MIT DEM BILDNIS EINES HERRSCHERS**

Alte Könige ließen gerne Münzen mit ihren Porträts herstellen. Wenn wir also den Herrscher identifizieren können (das ist nicht schwer, denn meist steht neben dem Bildnis der Name) und wir die Daten seiner Regierungszeit kennen (aus Chroniken), können wir auch feststellen, wann die Münze geprägt wurde. Und wenn wir sie auf dem Boden eines Hauses finden, wissen wir mehr oder weniger, in welcher Zeit es zerstört wurde. Mehr oder weniger, weil die Münzen auch noch nach dem Tod des Herrschers verwendet wurden.

→ **IN STEIN GEMEISSELTE RECHTSORDNUNGEN**

Viele Herrscher ließen ihre Beschlüsse in Stein meißeln, wodurch sie Jahrtausende überdauerten und heute eine unschätzbare Informationsquelle über die Rechtsordnung vergangener Epochen sind, also darüber, was als Recht oder

Unrecht galt. Die berühmte Stele (ein anderes Wort für Säule) mit dem Kodex des babylonischen Königs Hammurapi wurde aus einem extrem haltbaren Gestein hergestellt: aus Basalt.

→ TEXTE AUF TONTAFELN

In einigen Kulturen schrieb man auf Papyrus oder Pergament (also Leder), in anderen auf Tontafeln. In der Antike brannten Bibliotheken oft ab, aber das Feuer schadete den Tafeln nicht, im Gegenteil, der Ton wurde durch die Hitze haltbarer. Deshalb kennen wir die ältesten Gedichte aus dem Nahen Osten und wissen auch, wie das Leben in den mykenischen Palästen im alten Griechenland aussah.

→ PAPYRUS

Das Schreibmaterial aus den Stängeln der im Nildelta wachsenden Papyruspflanze war keineswegs haltbar. Trotzdem ist viel davon im heißen Wüstensand erhalten geblieben. Dank der Papyri kennen wir nicht nur die Namen der Pharaonen, sondern auch die Mythen, die ägyptische Eltern ihren Kindern erzählten.

→ SIEGELABDRÜCKE

Früher drückten Herrscher und Adlige ihre Siegel auf Tontafeln mit wichtigen Bestimmungen, die sie mit einem Griffel schrieben. Wenn diese Abdrücke einem Brand ausgesetzt waren, überdauerten sie bis heute. Und wir können so nachvollziehen, wer die gefundenen Dokumente »signiert« hat.

→ SKULPTUREN, FLACHRELIEFS, GEMÄLDE

Kunstwerke sind wichtige Quellen für Archäolog:innen. Durch die römischen Statuen wissen wir, wie die Kaiser aussahen. Ägyptische Gemälde und Flachreliefs zeigen das Leben am Nil. Griechische Grabstelen (und deren Inschriften) erzählen von den Toten.

17

ENTDECKUNGEN, DIE SO TOLL SIND, DASS DIE ARCHÄOLOG:INNEN ES NICHT FASSEN KÖNNEN

Entdeckung 1

»ICH SEHE WUNDERBARE DINGE«

→ **Howard Carter öffnet das Grab des Tutanchamun.**

In Ägypten ist es sogar im November heiß, und in der Wüste weht dir der Wind ständig Sand in die Augen. So ging es auch Howard Carter am 26. November 1922 im Tal der Könige. Immer wieder musste er sich Schweiß und Staub aus dem Gesicht wischen. Als die Arbeiter die Lücke in der Steintür des Grabs erweiterten, steckte der Archäologe eine Hand mit einer Kerze hinein. Zwischen den Schatten waren Statuen, Gold und die Umrisse seltsamer Tiere zu erkennen. Lord Carnarvon, der hinter Carter stand, konnte die Anspannung nicht ertragen. »Können Sie etwas sehen?«, fragte er. »Ja, wunderbare Dinge«, antwortete Carter.

Diese berühmte Szene der Entdeckung des Grabes von Tutanchamun – beschrieben unter anderem von C. W. Ceram im Buch *Götter, Gräber und Gelehrte* – spielte sich vermutlich ganz anders ab. Und doch fand Howard Carter wunderbare Dinge. So wunderbar, dass sie den Namen des früh verstorbenen Pharaos in der ganzen Welt bekannt machten. Wenn du »Tutanchamun« in die Suchleiste deines Browsers tippst, erhältst du über 620 000 Ergebnisse. Und das ist nur eine von vielen Schreibweisen! Auf Deutsch gibt es noch andere, und natürlich wird der Name in den unterschiedlichen Sprachen auch anders buchstabiert. Die erste Grabschatzausstellung außerhalb Ägyptens im Jahr 1978 zog fast sechs Millionen Besucher an. Kein Pharao weckte jemals mehr Interesse als dieser junge König, der, in den Worten von Howard Carter, einzig dadurch bemerkenswert war, »dass er starb und begraben wurde«.

Tutanchamun, geboren um 1340 v. Chr., wurde im Alter von zehn Jahren Pharao und starb nur neun Jahre später. Höchstwahrscheinlich hatte er einen Unfall beim Lenken eines Streitwagens und starb daraufhin an den Folgen einer Blutvergiftung. Wissenschaftler untersuchten die Mumie des Herrschers sorgfältig und entdeckten viele Krankheiten, von denen der Pharao einige von seinen Eltern und Großeltern geerbt hatte. Wir wissen, dass er Probleme mit seinen Füßen und der Wirbelsäule hatte und sich nicht ohne Hilfe bewegen oder stehen konnte: In seinem Grab fand man 130 Gehstöcke. Außerdem litt er, wie damals unzählige Menschen in Ägypten, an Malaria. Sein kurzes Leben war wahrscheinlich traurig und schmerzhaft.

Gehen wir nun zurück an den Anfang des 20. Jahrhunderts: Die Archäolog:innen sind davon überzeugt, dass es im Tal der Könige, dem Friedhof, auf dem die Pharaonen über Generationen hinweg begraben wurden, nichts mehr zu entdecken gibt. Einzig Howard Carter bleibt stur. Mit der Hilfe von Lord Carnarvon, der seine Forschungen finanziert, untersucht er das Tal seit 1917 unermüdlich. Im Winter 1920 führt er nur wenige Meter vom Grab Tutanchamuns entfernt Arbeiten durch.

1922 erklärt Lord Carnarvon, dass es keinen Sinn hätte, weiter zu suchen, aber Howard Carter bittet den Aristokraten um eine letzte Saison. Seine Arbeiter beginnen, auf einem kleinen dreieckigen Stück Erde direkt neben dem Eingang zum Grab von Ramses VI. zu graben. Sie stoßen fast sofort auf Tutanchamuns Grab!

Warum wurde das Grab des so unbedeutenden Königs – historisch unbedeutend zumindest – als die größte archäologische Entdeckung des 20. Jahrhunderts gefeiert? Weil darin Schätze lagen, die noch nie zuvor jemand gesehen hatte.

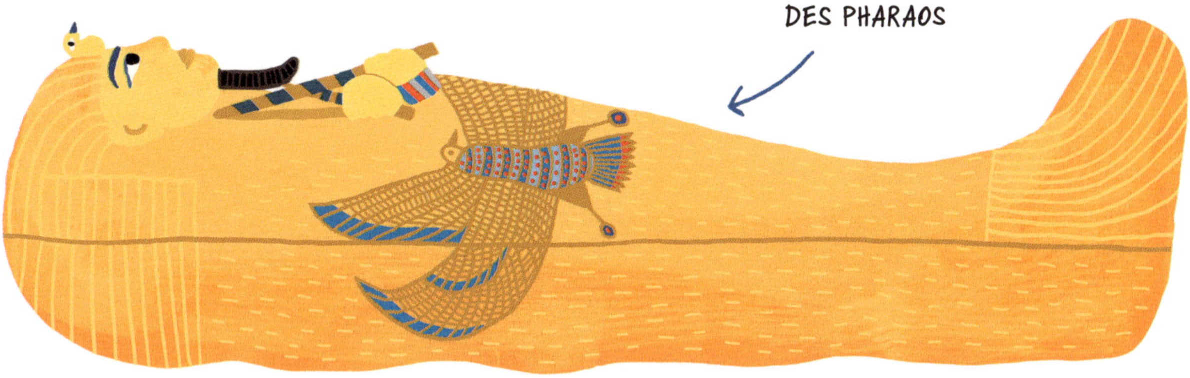

Weder in Ägypten noch irgendwo auf der Welt. Howard Carter fand über 5000 Gegenstände, darunter mit Gold beschlagene Holzmöbel, Krüge voll aromatischer Öle, Statuen von Schutzgöttinnen, vier Streitwagen und die berühmte goldene Maske, die auf dem Gesicht der Mumie lag ... Zehn Jahre lang brauchte er, um eine genaue Liste zu erstellen!

Historiker:innen schätzten den Wert der Schätze aus Tutanchamuns Grab auf fast 24 Millionen Dollar! Das Grab enthielt jedoch noch mehr Kunstwerke und Juwelen, zum Beispiel Gegenstände aus Lapislazuli, einem blauen Stein, der im alten Ägypten höher geschätzt wurde als Gold.

Andere, mächtigere Herrscher hatten sicherlich noch prächtigere Grabkammern. Aber Grabräuber entdeckten sie vor Archäolog:innen. Tutanchamuns »bescheidenes« Grab hingegen blieb bis ins 20. Jahrhundert nahezu unbeschädigt. Es hatte sich gerade deshalb so perfekt erhalten, weil es zu einem Pharao gehörte, der schon in der Antike in Vergessenheit geraten war.

Carters Entdeckung erregte große Aufmerksamkeit und wurde zu einer echten Sensation. Journalist:innen, die den ungewöhnlichen Fund nicht sehen durften (nur das Team der *Times of London* durfte darüber berichten), verbreiteten ein Gerücht über eine mysteriöse Inschrift an der Tür: »Der Tod soll den mit seinen Schwingen erschlagen, der die Ruhe des Pharaos stört.« So entstand die Legende vom Fluch des Tutanchamun, die den mysteriösen Tod von Menschen im Zusammenhang mit der Entdeckung erklären sollte. Doch diese Inschrift existierte nicht, und alle, die bei der Öffnung des Grabes anwesend waren – außer Lord Carnarvon, der an einer Blutvergiftung durch einen entzündeten Mückenstich starb –, erreichten ein hohes Alter.

Entdeckung **2**

ÄGYPTEN HAT GESPROCHEN

→ **Jean-François Champollion liest den Stein von Rosette.**

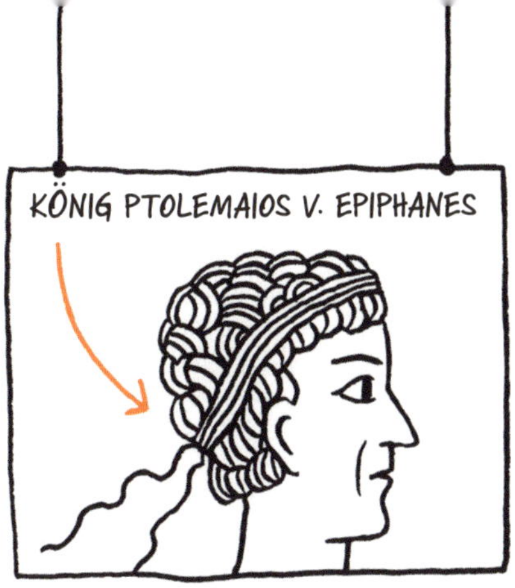

Hast du schon mal Hieroglyphen aus dem alten Ägypten gesehen? Sie bestehen zum großen Teil aus vielen kleinen Zeichnungen. Manche davon sehen aus wie Dinge und Lebewesen (Falken, Schlangen, Hände), während andere eher symbolhaft sind (zum Beispiel Wellenlinien). Hieroglyphen waren für uns eine Zeit lang – wie viele andere Bilderschriften auch – nicht ohne Entschlüsselung lesbar.

Der »Schlüssel«, der den Forschenden die Tür zur altägyptischen Welt öffnete, wiegt mehr als 750 Kilogramm. Das Dekret zu Ehren von König Ptolemaios V. Epiphanes, das 196 v. Chr. in Stein gemeißelt wurde, wäre ein ziemlich langweiliger Text, wenn er nicht auf Griechisch, Demotisch (einer späten, vereinfachten Version der altägyptischen Schrift) und in Hieroglyphen geschrieben wäre.

Als 1798 mit Napoleons Armeen auch Wissenschaftler in Ägypten einmarschierten, interessierte sich plötzlich die ganze Welt für diese alte Zivilisation. Als die französischen Soldaten, die an der Befestigung eines Forts in der Nähe der Hafenstadt Rosette arbeiteten, die dunkelgraue, in die Befestigungsanlagen eingebettete Steinplatte entdeckten, ahnten sie sofort, dass sie für die Wissenschaft wichtig sein könnte. Das verstanden auch die britischen Soldaten, und als

sie die Franzosen in Ägypten besiegten, brachten sie die Platte aus Granodiorit nach London. Gipsabdrücke und Abzüge der in den Stein gemeißelten Texte wurden bald Forscher:innen aus aller Welt zur Verfügung gestellt, und diese machten sich eifrig daran, den Code zu knacken.

Theoretisch sollte das Lesen der Hieroglyphen ein Kinderspiel sein: Die Wissenschaftler:innen hatten denselben Text in drei Sprachen vorliegen, die sie vergleichen konnten! Doch keine der drei Versionen des Dekrets ist vollständig, denn der Stein von Rosette war nur ein abgebrochener Teil einer größeren Stele. Archäolog:innen suchten nach den verbliebenen Fragmenten, konnten sie jedoch nicht finden.

Glücklicherweise hatte der junge und brillante Archäologe und Linguist Jean-François Champollion (damals erst 18!) eine geniale Idee. Er beschloss, sich als Erstes die Vornamen der Pharaonen anzusehen. Er wusste, wo sie im Teil mit den Hieroglyphen zu finden waren, denn in der altägyptischen Schrift waren die Namen der Pharaonen stets oval von einer Kartusche umrahmt. Es wird vermutet, dass sie den Weg der Sonne über den Himmel oder das gesamte Universum darstellen sollte. So entschlüsselte Champollion das Wort »Ptolemaios«. Indem er die ersten Zeichen lernte, konnte er leichter die nächsten entziffern. Stück für Stück löste er das Rätsel, las immer mehr Teile des Textes und verkündete 1822 die Ergebnisse seiner Arbeit.

Glaub mir, er wurde damals von allen Archäolog:innen beneidet! Die Hieroglyphen erwachten plötzlich zum Leben. Sie waren nicht mehr nur Verzierungen, sondern erzählten Geschichten über Gottheiten, Pharaonen und Priester, über Macht und Liebe, über Leben und Tod.

Entdeckung **3**

DIE ANTIKE WIKIPEDIA

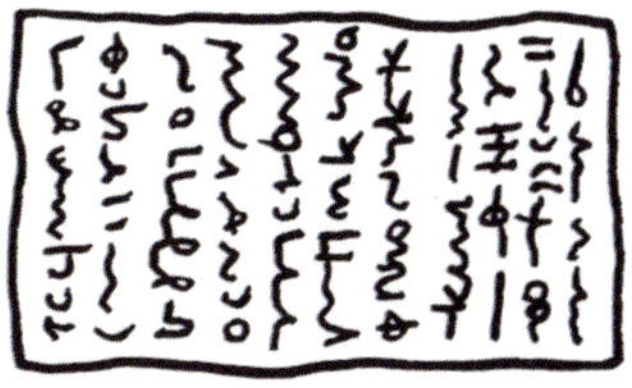

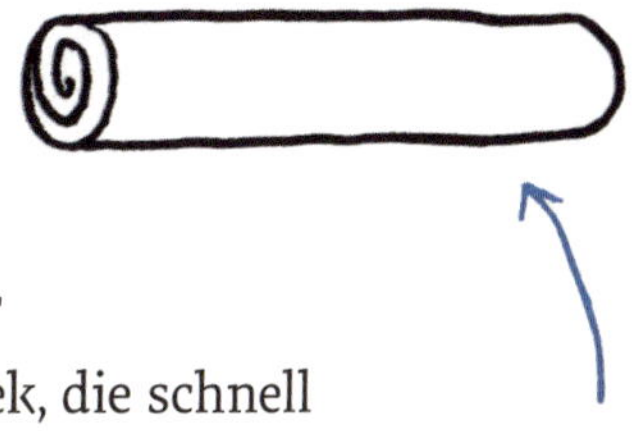

→ **Austen Henry Layard entdeckt die Bibliothek von Aššur-bāni-apli.**

Im 7. Jahrhundert v. Chr. wurde König Aššur-bāni-apli Herrscher von Assyrien. In der Hauptstadt Ninive gründete er eine Bibliothek, die schnell zur größten der damaligen Welt wurde. Erst im 3. Jahrhundert v. Chr. schufen Ptolemaios I. Soter und Ptolemaios II. Philadelphos die berühmte Bibliothek von Alexandria in Ägypten, die eine Sammlung von etwa einer Million Papyrusrollen beinhaltete. In Ninive gab es wahrscheinlich »nur« 10 000 Tontafeln. Allerdings ist von der Bibliothek von Alexandria nichts übrig geblieben: Sie wurde in der Antike mehrmals zerstört und wurde vermutlich im 7. Jahrhundert n. Chr. auf Befehl von Kalif Umar I. niedergebrannt, als die Araber die Stadt eroberten. Die Bibliothek von Aššur-bāni-apli hingegen blieb erhalten. Wie du bereits weißt, brennen Tontafeln im Gegensatz zu Papyri nicht. Als also im Jahr 612 v. Chr. Ninive von den vereinigten Armeen der Babylonier, Skythen und Meder (so hießen verschiedene Völker, die damals im Nahen Osten lebten) eingenommen wurde, schadete das Feuer der Sammlung überhaupt nicht.

Die dort gesammelten Texte waren die Summe des Wissens über die Antike. König Aššur-bāni-apli brachte von jedem Kriegsfeldzug Tafeln, die in eroberten Städten gefunden wurden, in die Hauptstadt mit. Königliche Schreiber fertigten dann Kopien an und schickten sie zurück, das Original blieb meist in Ninive. Die riesige Bibliothek enthielt nicht nur zeitgenössische Werke von Aššur-bāni-apli, sondern auch Kopien der wichtigsten Texte aus der Vergangenheit – aus Sumer, Akkad und Babylonien. Das waren offizielle Briefe, Handelsverträge, Rechtsschriften (einschließlich des berühmten Kodex von Hammurapi) und Verträge, die zwischen Königen geschlossen wurden, aber auch Zaubersprüche, Prophezeiungen, Gebete und Werke auf den Gebieten der Medizin und der Astronomie. Außerdem entdeckte man in der Bibliothek wertvolle literarische Werke wie

das berühmte akkadische *Gilgamesch-Epos* oder *Enūma eliš* (der babylonische Mythos von der Erschaffung der Welt).

Ninive, erobert von den Babyloniern, verschwand vom Erdboden, und niemand hatte eine Ahnung von den Reichtümern, die unter dem Hügel Kujundschik am Fluss Tigris verborgen waren. Es dauerte über 1000 Jahre, bis ein junger britischer Entdecker und Archäologe, fasziniert von allem, was aus dem Osten kam, dort auftauchte: Austen Henry Layard. Er erhielt eine Ausgrabungsgenehmigung und machte sich 1847 zusammen mit seinem Assistenten Hormuzd Rassam an die Arbeit.

In der Zeit von Layard waren Ausgrabungen nicht so gründlich wie heute. Man schrieb nicht auf, wo genau man einen Gegenstand fand, sondern holte ihn einfach aus dem Boden. Daher erkannten

die Forscher erst nach einiger Zeit, dass nicht eine, sondern *zwei* Bibliotheken unter dem Kujundschik versteckt waren! Die zweite war auf Befehl von König Sanherib gegründet worden, der zu Beginn des 7. Jahrhunderts v. Chr. regierte, einige Jahre vor Aššur-bāni-apli. Die Stücke der Tafeln wurden jedoch während Layards Arbeit verwechselt, sodass wir heute nicht wissen, zu welcher Sammlung sie gehören. Mittlerweile gibt es im British Museum über 30 000 Stücke, die Wissenschaftler:innen zusammenzusetzen versuchen.

Die Entdeckung der Bibliothek von Aššur-bāni-apli und der Sanherib-Büchersammlung brachte das private und öffentliche Leben der Bewohner:innen des alten Nahen Ostens aus dem Dunkel der Geschichte hervor. Das Wissen aus den Bibliotheken von Ninive revolutionierte auch das Bibelstudium. Es stellte sich heraus, dass einige Geschichten aus dem Alten Testament dort gar nicht zum ersten Mal aufgeschrieben worden waren. Die Geschichte der Sintflut beispielsweise war den Sumerern bereits im dritten Jahrtausend vor der Geburt Christi bekannt.

Entdeckung 4

ENTSCHLÜSSELTE ASCHE

→ **Giuseppe Fiorelli »bringt das Leben zurück« nach Pompeji.**

Archäolog:innen wollen so viel wie möglich über die Menschen erfahren, die in der Vergangenheit gelebt haben. Das ist aber eine schwierige Aufgabe, denn wie lässt sich das Leben eines Menschen aus den Scherben von kaputtem Geschirr oder aus den Trümmern eines Hauses rekonstruieren?

Wissenschaftler:innen hatten zweimal die Gelegenheit, die Vergangenheit so zu sehen, als ob die Zeit stehen geblieben wäre. In beiden Fällen wegen eines Vulkanausbruchs. Um 1640 oder 1500 v. Chr. (die Archäolog:innen sind sich immer noch nicht einig) zerstörte ein Vulkan die griechische Insel, die heute als Santorin bekannt ist. Im Dorf Akrotiri fanden Archäolog:innen eine ganze Stadt aus der Bronzezeit, die aussah, als wäre sie erst gestern (na ja, vielleicht vor einem Monat) verlassen worden. Die Bewohner:innen mussten vor dem Ausbruch gewarnt worden sein, denn in Akrotiri wurden keine Skelette ausgegraben.

Weniger glücklich waren die Bewohner der römischen Städte Pompeji und Herculaneum, die im Jahr 79 n. Chr. vom Ausbruch des Vesuvs überrascht wurden. Nur wenigen Menschen gelang die Flucht in den Hafen, und noch weniger stiegen auf die Schiffe und retteten so ihr Leben. Viele starben in ihren eigenen Häusern.

Die ungewöhnliche Idee des italienischen Archäologen Giuseppe Fiorelli, der ab 1860 die Ausgrabungen leitete, »brachte das Leben zurück« nach Pompeji. Wie? Er entdeckte in

der Asche Hohlräume. In ihnen waren die Körper von Menschen und Tieren durch die Hitze verdunstet oder hatten sich im Laufe der Zeit zersetzt. Fiorelli füllte die Hohlräume mit Gips und erhielt so bewegende Abdrücke der Pompejaner:innen, die durch die vulkanischen Dämpfe erstickt oder vergiftet worden waren.

FRAGMENT EINES ERHALTENEN MOSAIKS

Vielleicht macht es dich traurig, dass die Menschen so sterben mussten! Die Asche und die Gesteinsbrocken begruben zwar zwei antike Städte, aber dennoch schenkte uns der Ausbruch des Vesuvs auch die Möglichkeit, mit eigenen Augen zu sehen, wie das Leben damals war.

Neben dem Amphitheater, den Bädern und dem Forum haben Wissenschaftler:innen Hausgärten und Bäckereien, eine Walkwerkstatt (für die Verarbeitung von Stoffen und Strickwaren) und kleine Tavernen – cauponae – ausgegraben. Inschriften zeigen uns, dass die Pompejaner Sinn für Humor hatten, denn vor dem Eingang des Hauses eines reichen Kaufmanns stand geschrieben: SALVE LUCRU (»Sei gegrüßt, Gewinn!«).

Pompeji und Herculaneum wurden nach und nach erfoscht. Bereits im 16. Jahrhundert fand man dort verschiedene Gegenstände, an eine echte Ausgrabung dachte damals aber niemand. Die archäologischen Arbeiten, die 1748 begannen, werden bis heute fortgesetzt. Derzeit ist die größte Sorge der Forscher:innen die Konservierung der Artefakte, die unter der Ascheschicht begraben waren, sich aber an der Luft schnell zersetzen.

Pompeji birgt weiterhin viele Geheimnisse. Zum Beispiel haben die Archäolog:innen keine Ahnung, warum die roten Elemente der Wandmalereien mit der Zeit schwarz werden.

Entdeckung **5**

MYTHOS ODER WAHRHEIT?

→ **Heinrich Schliemann und Frank Calvert entdecken Troja.**

Diese Erzählung soll die erste von einem gewissen Aoiden (griechischer Begriff für Wander- oder Hofsänger) sein, den wir heute als Homer kennen. Historiker:innen und Philolog:innen streiten sich noch immer darüber, wer Homer wirklich war (und ob es ihn überhaupt gab), doch uns interessiert die Geschichte selbst. Ihr zufolge fielen die Achäer (also die Griechen) in die Stadt der Trojaner in Kleinasien ein. Der Krieg brach aus, weil sich Paris, der Sohn des trojanischen Königs Priamos, in Helena von Sparta verliebte, die schönste Frau der Welt. Das Problem war, dass Helena bereits einen Ehemann hatte, König Menelaos. Um seine Frau wiederzugewinnen, marschierte dieser mit seinen Verbündeten nach Troja. Die Belagerung dauerte zehn Jahre. Erst nach dem Tod eines der größten griechischen Krieger, Achilles, und durch den Trick mit dem Trojanischen Pferd (mehr dazu am Ende dieses Kapitels), eroberten die Achäer die Stadt.

Die *Ilias* erzählt auf faszinierende Weise von diesen Ereignissen, aber ist das alles wirklich passiert? Für die alten Griechen war der Trojanische Krieg ein historisches Ereignis: Alexander der Große zog 334 v. Chr. mit seinem Heer in Kleinasien ein. Er brachte an den Gräbern von Achilles und seinem Gefährten Patroklos Opfer dar (oder eher dort, wo er die Gräber vermutete). Auch Mehmed II. der Eroberer, der Konstantinopel einnahm, glaubte an diese Geschichte.

Später, in der Neuzeit, galten Troja und der Trojanische Krieg nur noch als Fantasien des Dichters. Bis eines Tages ein kleiner Junge an die Geschichte von dem Kampf zwischen den Achäern und den Trojanern glaubte ...

Offenbar träumte Heinrich Schliemann, der als Kind die *Ilias* las, schon damals davon, Troja zu finden. Als er ein wohlhabender Kaufmann geworden war, beschloss er, diesen Traum zu verwirklichen.

Es ist nicht bekannt, ob Schliemann wirklich die *Ilias* in seiner Kindheit gelesen hat, denn Schliemann dachte sich viele Dinge bloß aus. Die Lektüre seiner Ausgrabungstagebücher ist für Archäolog:innen eine Qual, weil man nicht wissen kann, was man glauben soll und was nicht. Nehmen wir zum Beispiel die Beschreibung, wie der »Schatz der Priamos« entdeckt wurde, eine Sammlung von Goldgegenständen aus dem dritten Jahrtausend vor Christus: Schliemann behauptet, dass er die Arbeiter entließ, als er das Gold sah, und den Schatz allein mit seiner Frau herausholte, die die Wertsachen in ihren Schal wickelte. Doch Sophia Schliemann kann ihrem Mann gar nicht geholfen haben, weil sie an diesem Tag in Athen war!

Außerdem war Schliemann nicht der erste Träumer, der nach Troja suchte. Er war nicht einmal derjenige, der vermutete, dass die Stadt unter dem Hügel Hisarlık in der Nähe der Dardanellen lag. Zuerst versuchte er, in der Umgebung von Pınarbaşı zu graben. Erst der amerikanische Honorarkonsul Frank Calvert schlug vor, mit den Arbeiten am Anwesen seines Bruders zu beginnen, zu dem ein Teil des Hisarlık gehörte.

Schliemann und Calvert entdeckten hier mehrere antike Städte, die jeweils auf den Ruinen der anderen gebaut worden waren. Heute wissen Archäolog:innen um die Existenz von nicht weniger als neun Trojas! Die Geschichte der Stadt beginnt in der Zeit von Troja I, um 3000 v. Chr., und endet mit Troja IX – der römischen Stadt Ilium Novum, über der noch eine kleine byzantinische Siedlung lag.

Obwohl Schliemann Mythen liebte und manchmal zu viel Fantasie hatte, bewies er, dass das Märchen von Troja gar kein Märchen war. Heute wissen wir, dass es die Stadt tatsächlich gab. Wir sind uns jedoch immer noch nicht sicher, ob der Trojanische Krieg stattfand. Forscher:innen spekulieren, dass er sich, wenn überhaupt, Ende des 13. Jahrhunderts v. Chr. ereignet haben muss. Und es ging dabei nicht um eine Frau, sondern um die Vorherrschaft auf den Handelswegen.

Heinrich Schliemann rettete den griechischen Mythos und schuf seinen eigenen: von einem Hobbyarchäologen, der alles allein gemacht hat. Kaum jemand erinnert sich heute noch an Frank Calvert, der ihm zeigte, wo er graben sollte.

Troja hat sich von einem Mythos in die Realität verwandelt und strotzt wieder vor Leben: Tausende Tourist:innen fahren jedes Jahr dorthin, und Dutzende von Forscher:innen entdecken die Geheimnisse der antiken Stadt (oder besser gesagt der Städte).

An der Arbeit sind neben den Archäolog:innen auch Paläobiolog:innen beteiligt, die die Welt der antiken Natur untersuchen, außerdem Geolog:innen und Hydrolog:innen, die die Geländeveränderungen von den Zeiten Homers bis

heute untersuchen, sowie Spezialist:innen für geomagnetische Forschung, die ganz ohne Ausgabungen die Anordnung alter Gebäude rekonstruieren können.

Und was war nun das Trojanische Pferd? Nach zehn Jahren erfolgloser Belagerung hatte der klügste der Griechen, Odysseus, eine geniale Idee: Die Achäer bauten ein großes Pferd aus Holz, in dem sich die tapfersten Krieger verstecken konnten. Die restlichen bestiegen ihre Schiffe, fuhren aber nicht weit weg. Als die Trojaner das Holzpferd sahen, öffneten sie die Tore und schleppten

es hinein. Sie dachten, es wäre ein Opfer der Griechen für die Göttin Athene. Die Tochter des Königs und der Priester Laokoon warnten sie vor einer Falle, aber vergebens. Die im Pferd versteckten Krieger warteten bis zur Nacht (Das muss unbequem gewesen sein. Außerdem: Wo haben sie gepinkelt?), dann kletterten sie hinaus und ließen die griechische Armee in die Stadt.

So fiel Troja (die Griechen verbrannten es), und das Trojanische Pferd ist bis heute als Symbol für eine clevere List bekannt.

Entdeckung **6**

DAS UNTERIRDISCHE REICH VON QÍN SHǏHUÁNGDÌ

→ **Drei Bauern entdecken die Terrakotta-Armee.**

Die Pharaonen begannen mit dem Bau ihrer Gräber, sobald sie den Thron bestiegen. Sie gingen zu Recht davon aus, dass sie sich selbst besser um diese komplizierten und teuren Unterfangen kümmern würden als ihre Nachfolger. Offenbar kam der berühmteste Herrscher Chinas, Qín Shǐhuángdì, zu demselben Schluss. Er ordnete 246 v. Chr., unmittelbar nachdem er der erste Kaiser des Reichs geworden war, den Beginn der Arbeiten an seiner Grabstätte an.

Qín Shǐhuángdì war ein ordnungsliebender und strenger Herrscher. Nach der Vereinigung des Landes kündigte er eine Reihe von Reformen an: Er führte ein System von Maßen und Gewichten, eine Währung, eine Rechtsordnung und eine Schrift ein, die für alle Menschen im Reich galten. Er standardisierte sogar die Achslängen von Wagen, um dementsprechend breite Straßen bauen zu können. Während der Regierungszeit von Qín Shǐhuángdì wurde auch eine Reihe von Befestigungsanlagen errichtet: die Vorläufer der Chinesischen Mauer.

Die Arbeiter, von denen viele beim Bau ums Leben kamen, hatten eine schlechte Meinung von ihm. Entgegen der Sitte tötete der Kaiser auch Kriegsgefangene. Um die Stabilität des Landes zu gewährleisten, unterdrückte er die Anhänger des Konfuzianismus (eine philosophische und religiöse Strömung, die im 5. Jahrhundert v. Chr. entstand) und verbot die Ausübung der schönen Künste. Viele Denker verloren damals ihr Leben, denn der Kaiser verbot das Lesen von Büchern und befahl, sie zu verbrennen.

Das Einzige, was der mächtige Herrscher fürchtete, war der Tod. Gegen Ende seines Lebens heuerte er eine Vielzahl von Gelehrten an, die nach dem Geheimnis der Unsterblichkeit suchen sollten. Archäolog:innen vermuten, dass dies den Tod des Kaisers nur beschleunigte, der vermutlich durch die Einnahme von Quecksilbertabletten starb.

Natürlich konnte Qín Shǐhuángdì nicht zulassen, dass er in einem gewöhnlichen Grab beerdigt wurde. Sima Qian, der Chronist des Kaisers, schrieb, dass das Mausoleum (eine riesige Grabstätte) des Herrschers von über 700 000 Arbeitern errichtet wurde. Die Archäolog:innen von heute glauben, dass er übertrieben hat, aber sicher mussten mindestens 16 000 Menschen an dem Bau arbeiten.

Laut dem kaiserlichen Historiker enthielt das Grab unter anderem Miniaturkopien von Himmelskörpern, Himmelskarten aus Perlen, mit Quecksilber gefüllte Flüsse und Meere und ... gespannte Armbrüste, die bereit waren, alle zu durchbohren, die ins Grab eindringen wollten. Nicht sehr ermutigend für Archäolog:innen, oder?

Doch die Sache, die das Grab von Qín Shǐhuángdì vor einigen Jahrzehnten berühmt machte, erwähnte Sima Qian nicht: Im März 1974 arbeiteten drei Bauern auf einem Feld in der Nähe des Dorfes Xiyang in der Provinz Shaanxi. Die Männer wollten einen Brunnen graben. Statt Wasser fanden sie lebensgroße Krieger aus Terrakotta (gebrannter Ton). Die größten waren zwei Meter hoch! Die Soldaten waren in Reihen aufgestellt, als würden sie sich auf einen Angriff vorbereiten. Auf den ersten Blick sahen sie alle gleich aus, aber tatsächlich unterschieden sich ihre Gesichtszüge, Kleidungsdetails und Frisuren. Es ist möglich, dass sie echten Soldaten in der Armee des Kaisers nachempfunden waren. In der Nähe des Mausoleums begraben, sollten sie dieses bewachen und den Herrscher vor den Geistern seiner Feinde verteidigen.

Sima Qian schreibt, dass die Arbeiter nach Abschluss der Grabarbeiten lebendig darin begraben wurden, um die Geheimnisse des Gebäudes nicht preiszugeben. Ob das stimmt, wissen wir nicht! So oder so wurde das größte

Rätsel bereits gelüftet: Chinesische Archäolog:innen kennen die Lage des Grabes genau, da Magnetfeldstudien gezeigt haben, dass sich unter der Erde so etwas wie eine Pyramide befindet. Und eine kürzlich durchgeführte Bodenuntersuchung zeigte einen unnatürlich hohen Quecksilbergehalt ...

Das Kaisergrab wurde aus technischen Gründen noch nicht ausgegraben. Die Forscher:innen wollen den Schaden, den Luft in der über Jahrhunderte verschlossenen Kammer anrichten würde, begrenzen. Sie erwägen unter anderem, den gesamten Ausgrabungsbereich mit einem riesigen Zelt abzudecken.

Entdeckung 7

DIE INTERESSANTESTEN STEINE EUROPAS

→ **Jan Samsonowicz entdeckt Krzemionki Opatowskie.**

Im Juli 1922 lief der Geologe Jan Samsonowicz in der Nähe von Ostrowiec Świętokrzyski langsam am nordöstlichen Rand des Świętokrzyskie-Gebirges entlang, ganz ohne Eile. Er war an der Erstellung der geologischen Karte des Kreises Opatów beteiligt, und dies erforderte, dass er die Felsformationen ganz genau betrachtete. Aber Samsonowicz wollte eigentlich etwas anderes überprüfen: Gerüchte, die unter den Bewohnern der umliegenden Dörfer kursierten. Menschen, die hier Kalkstein abbauten, fanden angeblich unterirdische Gänge mit seltsamen Werkzeugen aus Stein und Horn.

Die Gerüchte erwiesen sich als wahr: Samsonowicz fand viele Gruben, die aussahen, als seien sie von Menschenhand geschaffen worden. Der Forscher beschrieb und vermaß jede einzelne von ihnen und sammelte Stein- und Knochenwerkzeuge, um sie den anderen Archäolog:innen zu zeigen. Er gab seine Entdeckung in der Zeitschrift *Wiadomości Archeologiczne* bekannt. Stefan Krukowski und sein Schüler Zygmunt Szmit lasen seinen Artikel. Die beiden waren diejenigen, die die Bedeutung dieses Orts erkannten.

Das Gebiet, das kaum fünf Kilometer lang war, enthielt 4000 Schlagplätze, von flachen Gruben bis zu Gängen, die neun Meter tief in den Boden reichten.

In der Jungsteinzeit und der frühen Bronzezeit (vor ungefähr 3900 Jahren!) wurde dort gebänderter Feuerstein abgebaut.

Dieser Feuerstein wird wegen seiner hübschen Streifen heute hauptsächlich zur Herstellung von Schmuck verwendet, aber vor Tausenden von Jahren machte man daraus Waffen und Werkzeuge. Der Rohstoff aus den Minen in Krzemionki Opatowskie muss sehr begehrt gewesen sein, denn Archäolog:innen fanden 700 Kilometer entfernt noch Gegenstände aus dem Material.

Die Arbeit der neolithischen Bergleute war sehr hart. Sie hatten keine Werkzeuge aus Metall, nur aus Stein, Holz und Horn. Einige der Stollen waren so niedrig, dass sie kriechen mussten, und die größten waren nicht höher als 1,20 Meter. Außerdem war es in der Mine die ganze Zeit kalt (selbst im Sommer steigt die Temperatur nicht über 9 °C), feucht und dunkel! Die Bergleute beleuchteten den Raum mit Fackeln aus mit Harz beschichteten Holzstücken. Sie wählten Holzarten, die ohne viel Rauch verbrennen, sonst wären sie erstickt.

Die ersten Tourist:innen, die Krzemionki Opatowskie besuchten, mussten auf allen vieren durch die Stollen kriechen! Erst später wurde ein höherer Korridor in den Felsen gehauen, damit man die Minen bewundern konnte, ohne den Kopf einzuziehen.

Krzemionki Opatowskie ist der einzige Ort in Europa, an dem du die Arbeit prähistorischer Bergleute bestaunen kannst. 2019 wurden die Bergwerke und die umliegenden Gebiete in die Liste des UNESCO-Weltkulturerbes aufgenommen.

Entdeckung **8**

ER SETZTE DIE ERDE IN BEWEGUNG UND GAB DER SONNE IHREN FESTEN PLATZ, ABER WO LIEGT ER?

→ **Polen und Schweden identifizieren die Überreste von Nikolaus Kopernikus.**

Es gab viele Versuche, das Grab von Nikolaus Kopernikus zu finden. Zum Beispiel suchten Napoleons Offiziere 1807 danach und auch die Nazis während des Zweiten Weltkriegs. Die Überreste des bekannten Astronomen wurden jedoch erst 2006 nach den zweijährigen Ausgrabungen in der Kathedrale von Frombork (früher Frauenburg) gefunden. Archäolog:innen vermuteten, dass Kopernikus in Frauenburg bestattet wurde, weil er der Domherr von Ermland war. Er hatte eine niedere Weihe empfangen und wohnte neben der Bischofskirche, also dem Dom. Das Problem war, dass unter dem Boden der Kathedrale mehrere Dutzend Gräber von Geistlichen gefunden wurden, die dort im Laufe der Jahrhunderte begraben worden waren. Beim Durchstöbern alter Chroniken stellten Archäolog:innen und Historiker:innen fest, dass zu Lebzeiten des Astronomen *alle* geweihten Geistlichen unter den Altären der Gotteshäuser begraben wurden, in denen sie gewirkt hatten. Auch in der Nähe des Altars des Heiligen Andreas (heute Heilig-Kreuz-Altar genannt), der Kopernikus anvertraut war, fanden Archäolog:innen während der beiden Grabungen 2004 und 2005 dreizehn Gräber. Und erst das letzte, das sie enthüllten, schien vielversprechend. Darin lagen die Knochen und der Schädel eines älteren Mannes.

Wenn man einen Schädel untersucht, kann man die Gesichtszüge des Verstorbenen nachbilden. Diese Methode wurde von dem sowjetischen Anthropologen Michail Gerassimow erfunden. Man wendete sie auch bei dem Schädel an, der nach den Vermutungen der Forscher:innen zu Kopernikus gehörte. Es wurde festgestellt, dass der beim Altar begrabene Mann eine nach links gebogene Nase und eine Narbe über einem Auge hatte ... er sah dem Nikolaus Kopernikus, wie wir ihn von erhaltenen Porträts kennen, sehr ähnlich.

Die Archäolog:innen mussten weitere Beweise beschaffen. Sie bohrten einen Oberschenkelknochen und mehrere Zähne an und schickten die Proben an drei Genlabore: nach Warschau und Krakau in Polen und ins schwedische Uppsala. Sie wollten keine Fehler machen: Wenn man Jahrhunderte alte DNA erforscht, kann die Probe leicht verunreinigt werden. Dann hätten sie statt des genetischen Profils von Kopernikus vielleicht Informationen zu den Genen eines beteiligten Archäologen erhalten.

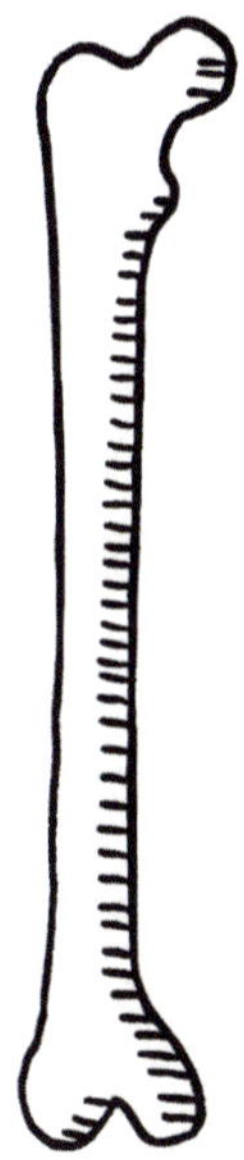

Glücklicherweise kamen alle drei Forschungsteams zu dem gleichen Ergebnis: Bei dem Verstorbenen handelte es sich um einen Mann mit europäischen Genen und hellen (grauen oder blauen) Augen. Kopernikus hat in seinen Porträts zwar meist braune Augen, aber wahrscheinlich ist das so, weil die Mittel und Stoffe, mit denen die ältesten der bis heute erhaltenen Bilder des Astronomen angefertigt wurden, nicht die tatsächlichen Farben darstellen konnten.

Es war jedoch immer noch nicht sicher, ob der Mann aus dem Grab in der Kathedrale von Frauenburg Kopernikus war. Um die letzten Zweifel auszuräumen, mussten die Forscher die im Labor gewonnenen Gene mit denen eines Verwandten des Astronomen, vorzugsweise mütterlicherseits, vergleichen. Die Labore gewannen die meisten DNA-Informationen aus Mitochondrien (winzigen Organen der Zellen, die Energie produzieren), und in den Mitochondrien ist nur genetisches Material von der Mutter enthalten.

Ein Team von Historikern der Universität Toruń suchte erfolglos nach den Gräbern von Frauen, die mit Kopernikus verwandt waren. Der Versuch, die sterblichen Überreste des Onkels von Kopernikus und Bischofs von Ermland, Lucas Watzenrode, zu finden, scheiterte. Doch endlich hatten die Forscher:innen Glück!

Die schwedischen Wissenschaftler:innen beschlossen in Zusammenarbeit mit dem polnischen Team, die Büchersammlung von Kopernikus auf DNA-Spuren zu untersuchen. Die Sammlung, die 1626 als Kriegsbeute von Frauenburg nach Schweden gebracht wurde, befindet sich heute in der Universitätsbibliothek in Uppsala. Die Forscher versprachen sich viel, besonders von einem der Lieblingsbücher von Kopernikus. Es handelte sich dabei um das *Calendarium Romanum magnum* von Johannes Stoeffler aus dem Jahr 1518. Die Schweden hofften, zwischen den Seiten dieses Buches, das etwa 25 Jahre lang im Besitz von Kopernikus gewesen war, genetisches Material zu finden.

Zunächst hofften sie, einen Blutfleck zu entdecken. Kopernikus hätte sich schließlich mit einem Federkiel schneiden können, mit dem er sich am Rand Notizen gemacht hatte. Aber sie fanden etwas Besseres: neun Haare! Aus vier Haaren gewannen sie genetisches Material, und in zwei Fällen stimmte das DNA-Profil mit dem überein, das sie zuvor mithilfe der Zähne und des Oberschenkelknochens des Skeletts aus Frauenburg erstellt hatten.

Die Forscher:innen waren euphorisch. Ein solches genetisches Profil tritt einmal in 483 Fällen auf! Die Wahrscheinlichkeit, dass der Mann, der in der Kathedrale in Frauenburg begraben worden ist, exakt dasselbe Profil hat wie ein anderer, der zufällig Haare im Buch von Kopernikus hinterlassen hat, ist sehr gering. Es ist wahrscheinlicher, dass es sich um ein und dieselbe Person handelte: um den Astronomen, der der Sonne ihren festen Platz gab und die Erde in Bewegung setzte.

Entdeckung 9

KLEINE GROTTE, GROSSES GEHEIMNIS

→ **Beduinen entdecken die Qumran-Handschriften.**

Normalerweise ist bei großen Entdeckungen klar, wer sie wann gemacht hat. Aber um die Geschichte der Entdeckung der Schriftrollen von Qumran am Toten Meer entstanden so viele Legenden, dass wir nicht wissen, was genau passiert ist.

Wenn ich also schreibe, dass 1947 drei Beduinenjungen in der Wüste nahe dem Toten Meer spielten, weiß ich nicht, ob es wirklich so war. Vielleicht waren

es nur zwei Jungen. Vielleicht spielten sie überhaupt nicht, sondern suchten nach einem verlorenen Schaf. Oder nach einer Ziege. Vielleicht hat ein Erwachsener die Entdeckung gemacht. Aber sicher war es ein Mitglied eines der vielen Beduinenstämme, die ihre Herden in diesem Gebiet weiden ließen. Er stolperte über eine Höhle, die er noch nie zuvor gesehen hatte, fand einen Krug und zog ein paar Rollen aus gegerbtem Leder heraus. Sie waren mit hebräischen, aramäischen und griechischen Zeichen beschriftet.

Ein Antiquitätenhändler in Jerusalem bekam ein paar Stücke der alten, zum Teil zerfallenen Schriftrollen und zeigte sie dem Universitätsprofessor Eleasar Sukenik. Der Gelehrte traute seinen Augen nicht: Die Manuskripte enthielten Passagen aus den Büchern der Bibel, bisher unbekannte Kommentare zum Alten Testament und eine mysteriöse Prophezeiung über den Kampf zwischen den Söhnen des Lichts und den Söhnen der Finsternis.

Von 1949 bis 1956 gab es einen regelrechten Wettlauf zwischen den Archäolog:innen und den Beduin:innen, die jeweils erkannt hatten, wie wertvoll die Schriftrollen waren. Zehn weitere Höhlen, die Tausende von Fragmenten alter Schriften enthielten, wurden in der Nähe von Qumran entdeckt. Einige Schriften wurden bei illegalen Ausgrabungen entnommen, viele davon wurden in Stücke geschnitten und als »Souvenirs« an Touristen verkauft. Einige landeten sogar in den Vereinigten Staaten, wo sie in Zeitungsanzeigen zwischen Häusern und Gebrauchtwagen zum Verkauf angeboten wurden. Dort entdeckte und erwarb Sukeniks Sohn, der Archäologe (und frühere Militärkommandant) Jigael Jadin, einige Schriftrollen und transportierte sie in den neu gegründeten Staat Israel – und zwar fast wie in einem Spionagefilm: jede in einem anderen Flugzeug.

Was machte die Schriftrollen von Qumran für die Wissenschaft so wertvoll? Erstens ermöglichten die Manuskripte den Wissenschaftler:innen, Neues über die Sprach- und Erzählkultur dieser Epoche zu lernen. Zweitens – und das war noch viel wichtigerer – enthielten die Schriften Fragmente heiliger Texte, die nicht im Alten Testament vorhanden waren: zum Beispiel die Prophezeiungen von Hesekiel, Jeremia und Daniel oder zuvor unbekannte Psalmen, die König David und Josua zugeschrieben werden. Die sogenannte Tempelrolle, die in der elften Höhle gefunden wurde, enthielt Geschichten über biblische Gestalten wie Henoch, Abraham und Noah. Sie war fast neun Meter lang!

Neben biblischen Zeugnissen fand man in den Höhlen Kommentare zum jüdischen Gesetz, Hymnen sowie philosophische und religiöse Texte. Diejenigen, die die Schriftrollen versteckt hatten, legten einige sorgfältig in Tonkrüge, ließen andere aber in Eile zurück, vielleicht auf der Flucht vor Gefahr. Die meisten Manuskripte waren nur Stücke. Teilweise waren die Pergament- und Papyrusfetzen so klein, dass man sie nicht mal falten konnte. Insgesamt konnten die Forscher:innen jedoch über 800 von ihnen rekonstruieren.

Gelehrte stellten fest, dass die Schriftrollen ungefähr zwischen 250 v. Chr. und 70 n. Chr. angefertigt wurden. Lange Zeit basierte die Datierung der Schriftrollen ausschließlich auf Analysen der Texte – sie waren ein zu wertvoller Fund, als dass man die Fragmente bei einer Untersuchung mit der C14-Methode zerstören wollte. Erst Ende der 1980er Jahre wurde ein neues Prüfverfahren entwickelt, für das nur mikroskopisch kleine Materialmengen benötigt werden. Und Tests in Laboren in Zürich und Tel Aviv bestätigten frühere Vermutungen: Alle Manuskripte stammen aus der Zeit vor der Zerstörung Jerusalems durch den römischen Kaiser Titus.

Heute sind die Schriftrollen im Israel-Museum in Jerusalem ausgestellt. Doch das Qumran-Abenteuer geht weiter. Im Jahr 2017 fand der Archäologe Randall Price eine zwölfte Höhle mit Schriftrollen ...

Entdeckung 10

DAS POMPEJI DER BRONZEZEIT

→ **Spyridon Marinatos entdeckt das prähistorische Akrotiri.**

Oft machen Archäolog:innen erst Entdeckungen, nachdem sie schon viele Jahre auf Ausgrabungsstätten und in Bibliotheken verbracht haben. Aber manchmal dauert es nur ... ein paar Stunden! So geschah es auf einer der bemerkenswertesten Stätten der Welt, die manchmal als das prähistorische Pompeji bezeichnet wird.

Als 1640 oder 1500 v. Chr. ein Vulkan auf der griechischen Insel, die wir heute als Santorin kennen, ausbrach, wurde die Stadt unter der Asche begraben – genau wie Pompeji. Erste Ausgrabungen rund um das Dorf Akrotiri wurden bereits im 19. Jahrhundert durchgeführt, aber die Forscher:innen fanden damals fast nur Keramikgefäße, wie sie es an jedem Ort gibt.

Der griechische Archäologe Spyridon Marinatos war nicht mehr der Jüngste, als er beschloss, seine Forschungen in Akrotiri zu beginnen: Er war 66 Jahre alt und stand kurz vor der Pensionierung. Dass ihm noch eine schillernde Karriere in der Wissenschaft bevorstand, konnte er nicht ahnen.

Als Marinatos anfing, mit den Menschen in der Gegend zu sprechen, fand er heraus, dass die Erde in der Nähe des Dorfes oft einstürzte. Der Archäologe ging davon aus, dass die Vertiefungen dort auftraten, wo vor Jahrhunderten Gebäude gestanden hatten. Er stellte auch fest, dass im nahe gelegenen Favatas sehr alte Mühlsteine verwendet wurden. Da damals niemand die schweren Steine über weite Strecken transportieren konnte, mussten sie aus der Nähe von Akrotiri stammen. Außerdem fand er einen Ort, an dem es besonders viel prähistorische Keramik gab. Marinatos entschied, dass sich dort die Ruinen der zerstörten Stadt befinden mussten.

1967 begann er mit den Ausgrabungen. Und buchstäblich ein paar Stunden, nachdem die Arbeiter ihre Schaufeln in den Boden gestoßen hatten, hörte er einen Freudenschrei: Sie hatten ein Gefäß aus der Bronzezeit gefunden. Das wäre nicht überraschend gewesen, denn du weißt bereits, dass man bei Ausgrabungen meistens Keramik findet. Normalerweise aber nur Scherben – und dieses Gefäß war unversehrt.

Marinatos und sein Assistent Christos Doumas gruben sich schnell in teilweise mehrere Stockwerke hohe Häuser. Sie fanden darin Reste von Haushaltsgegenständen und nutzten die von den Ausgrabungen in Pompeji bekannte Methode, die Hohlräume in der Asche mit Gips zu befüllen. So fanden sie heraus, dass die Bewohner:innen des prähistorischen Akrotiri leichte und elegante

Holzmöbel verwendet und sogar ... Sanitäranlagen und Toiletten gebaut hatten. Darüber hinaus entdeckten die erstaunten Archäologen, dass die Gebäude in Akrotiri mit ungewöhnlichen Gemälden geschmückt waren: Sie zeigen von luftigen Schleiern verhüllte Frauen mit geschminkten Lippen, schicken Frisuren und Kleidern. Bilder von Tieren, die so dynamisch in ihren Bewegungen gemalt wurden, dass sie aussehen, als würden sie tanzen. Boxende junge Männer sind zu sehen, und eine ganze Stadt – vielleicht ja die, die unter der Asche begraben wurde.

Marinatos grub sieben Jahre lang in Akrotiri und starb auch an dem Ort, den er so sehr geliebt und der ihn berühmt gemacht hatte. Die Ausgrabungen auf Santorin dauern bis heute an. Die Entdeckung von Spyridon Marinatos gibt Archäolog:innen noch für viele Jahre Arbeit und wirft immer neue Fragen auf.

Entdeckung 11

»DIESER MANN IST SEIT TAUSENDEN JAHREN TOT«

→ **Erika und Helmut Simon finden Ötzi.**

Erika und Helmut Simon liebten das Bergwandern und kannten sich bestens aus. Sie waren in der Lage, mit verschiedenen Bedingungen fertigzuwerden. Deshalb nahmen sie am 19. September 1991 nicht die markierte Route zwischen den Alpenpässen Hauslabjoch und Tisenjoch, sondern eine Abkürzung über ein Schneefeld. An einer Stelle, in einer Höhe von mehr als 3000 Metern, sahen sie etwas aus dem Schnee ragen. Zuerst dachten sie, es sei mal wieder Müll. Oder eine Puppe, die jemand verloren hatte. Aber Augenblicke später rief Erika: »Das ist ein Mann!«

Die Simons waren davon überzeugt, dass es sich um die Leiche eines Touristen handelte, der vor Kurzem in den Alpen verschollen war. Sie liefen schnell

zu einer nahe gelegenen Berghütte und meldeten den Fund. Am nächsten Tag versuchten die örtliche Gendarmerie und der Besitzer der Berghütte, die Leiche hochzuheben, aber es stellte sich heraus, dass sie zu festgefroren war. Erst drei Tage später wurde die Leiche in ein Institut nach Innsbruck gebracht. Leider zerstörten die Retter, als sie den Leichnam aus dem Eis holten, den Fundort: Sie zertrampelten unter anderem ein Gefäß aus Birkenrinde und brachen das Ende eines Bogens ab.

Unterdessen zeigte jemand Konrad Spindler die Fotos von den Gegenständen, die man bei der Leiche gefunden hatte. Der Archäologieprofessor der Universität Innsbruck vermutete, dass die Überreste weit länger als zwanzig Jahre auf dem Gletscher gelegen hatten. *Viel länger!* Spindler hatte recht. Untersuchungen ergaben, dass Ötzi (benannt nach dem Ötztal, in dem er gefunden wurde) um 3300 v. Chr. gestorben war.

Heute kannst du Ötzi im Südtiroler Archäologiemuseum in Bozen sehen. Wenn du die Möglichkeit dazu hast, tu es. Nie zuvor hat ein Körper uns so viel über das prähistorische Leben verraten! Buchstäblich jedes Stück Haut des Mannes wurde analysiert, ebenso die Fetzen seiner Kleidung und die Gegenstände, die er bei sich hatte. Außerdem wurde Ötzi geröntgt und mit einem Computertomographen untersucht. Nur wenige Menschen kennen ihren Gesundheitszustand so genau wie wir den von Ötzi.

Was wissen wir eigentlich über ihn? Er war klein und schlank, nur 1,60 Meter groß und etwa 50 Kilo schwer. Er hatte braune Haare, braune Augen und Blutgruppe 0. Wir wissen sogar, dass er keine Milch trinken konnte: In seinem Blut gab es kein Enzym, das Laktose verdauen konnte. Wir wissen außerdem, dass er oft am Feuer saß, weil seine Lungen einen schwarzen Belag aufwiesen. Irgendwann muss ihn eine Zecke gebissen haben, denn die Forscher:innen fanden Bakterien in Ötzis Körper, die Borreliose verursachen. Sie fanden sogar heraus, was er kurz vor seinem Tod gegessen hatte: Hirsch- und Gämsenfleisch und höchstwahrscheinlich ein Brot aus Getreide, Obst und Kräutern.

Ötzi war perfekt auf das Leben in den Bergen vorbereitet. Er trug warme Kleidung aus Bären-, Gämsen- und Hirschfell, aus Gras gewebte Schuhe und Socken. Außerdem hatte er eine Menge Waffen bei sich: Bogen, Pfeile, Messer und ein Beil. Die Waffen nützten ihm jedoch nichts – er wurde ermordet. Höchstwahrscheinlich schoss jemand mit einem Bogen auf ihn. Der prähistorische Wanderer starb einen schnellen Tod.

Ötzi war sogar vor Gericht: Um die Mumie gab es Streit zwischen Österreich und Italien, weil die Ländergrenze in den Alpen nicht genau definiert ist. Am Ende wurde entschieden, dass Ötzi Italien gehört.

Eine zweite Klage gegen die Behörden und das Museum in Bozen erhob Ötzis Finder Helmut Simon. Er fand es skandalös, dass er im Museum Eintritt zahlen musste und forderte Finderlohn, weil dank seiner Entdeckung der Tourismus in der Region stark zugenommen hatte. Simon starb kurz darauf, als er allein in den Bergen wanderte. Viele dachten, das wäre Ötzis Fluch ...

Entdeckung **12**

»IHR VERSCHWENDET NUR ZEIT, DA IST NICHTS«

→ **Bei einer polnisch-peruanischen Expedition wird das Grab der Wari-Königin entdeckt.**

Wir wissen nicht viel über den Wari-Staat, der zwischen 500 und 1000 n. Chr. im heutigen Peru existierte. Zum Beispiel kennen wir die Namen seiner Könige und Königinnen nicht. Sicher ist jedoch, dass sich die Inka als Erben der Wari betrachteten. Die Wari behandelten ihre Toten auf besondere Weise: Während der Feiertage und bei verschiedenen Zeremonien holten sie die Mumien der Herrschenden aus den Gräbern und ließen sie in Sänften »tanzen«. Es gibt auch Hinweise darauf, dass sie an der Spitze angreifender Truppen »standen«.

Als Miłosz Giersz und Patrycja Prządka-Giersz von der Universität Warschau ihre Arbeiten am Castillo de Huarmey im ehemaligen Reich der Wari planten, ahnten sie noch nicht, was sie entdecken würden: das erste von Räubern unberührte Grab einer Wari-Herrscherin. Aber der Reihe nach ...

Das Tal des Flusses Huarmey grenzt an eine der trockensten Wüsten der Erde. Für Archäolog:innen ist es Paradies und Hölle zugleich. Paradies, weil die Trockenheit Materialien überdauern lässt, die anderswo keine Chance hätten: Holz, Leder, Körper oder Stoffe, mit denen die Wari ihre Toten umhüllten. Und Hölle, weil es viele *huaqueros* gibt – Diebe, mit denen die Archäolog:innen im ständigen Wettstreit sind. Nach dem Erdbeben von 1970 plünderten sie noch dreister, weil die Schätze in den aufgebrochenen Gräbern besser zu erreichen waren.

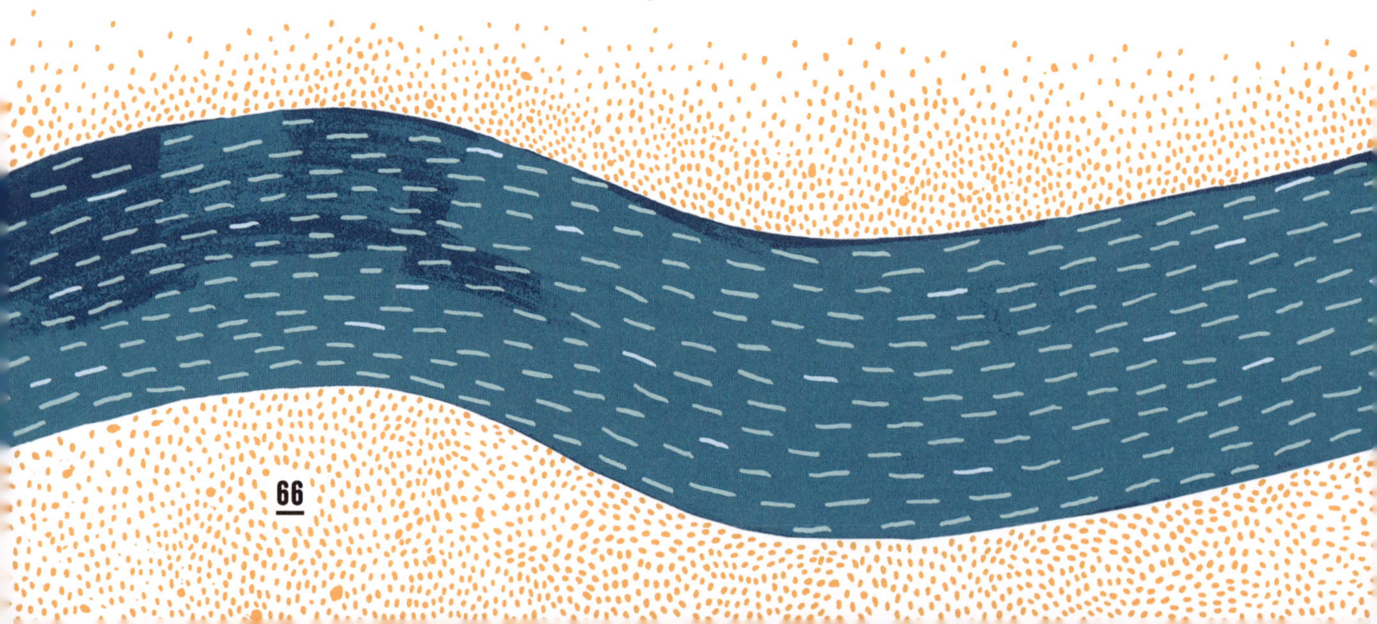

Auf dem Hügel in der Nähe des Flusses Huarmey tauchten die *huaqueros* auch auf: Als die polnischen und peruanischen Forscher:innen an der Stätte ankamen, sahen sie überall verteilte Knochen und Stofffetzen. Viele waren der Meinung, dass es keinen Sinn hätte, weiter dort zu arbeiten: Wenn es jemals ein Grab unter einem Hügel gegeben hatte, war es sicher schon von den Räubern geplündert worden. »Ihr verschwendet nur Zeit, da ist nichts mehr!«, versuchten Archäolog:innen aus den anderen Ländern das polnische Team zu überzeugen.

Miłosz Giersz und sein Team hörten jedoch nicht auf sie. Sie arbeiteten drei Jahre, bis sie 2013 im größten Gebäude auf dem Hügel eine Art zerstörten Thronsaal ausgruben. Unter dem Boden kamen seltsam flache, trapezförmige Ziegel zum Vorschein, die einen Zugang blockierten, der nach unten führte.

Und dort unten waren ... über dreißig Tonnen Schotter! Archäolog:innen bezeichnen solche Schichten als *steril*. Das bedeutet, dass sich in dem Schotter nichts von Menschenhand Geschaffenes befindet: keine einzige Scherbe, kein Stofffetzen, kein Stück Ziegel.

Keine gute Nachricht, aber zum Glück gaben die Forscher:innen nicht auf! Unter all dem Geröll fanden sie etwas, das sie ahnen ließ, dass sie den Hauptpreis in dieser Lotterie gewinnen würden. Sie fanden leere Fliegenpuppen.

Das klingt nicht sehr aufregend? Da liegst du falsch! Das Vorhandensein von Kokons deutete darauf hin, dass sich unter dem Schotter etwas befand, von dem sich die Fliegenlarven ernähren konnten: vielleicht menschliche Körper ... Die Kokons bewiesen auch, dass die Räuber nicht bis dorthin vorgedrungen waren. So wussten die Archäolog:innen, dass sie ein intaktes Grab gefunden haben mussten.

Sie waren jedoch nicht auf die atemberaubenden Schätze vorbereitet, die darin verborgen waren. In der Grabkammer entdeckten sie die Überreste von

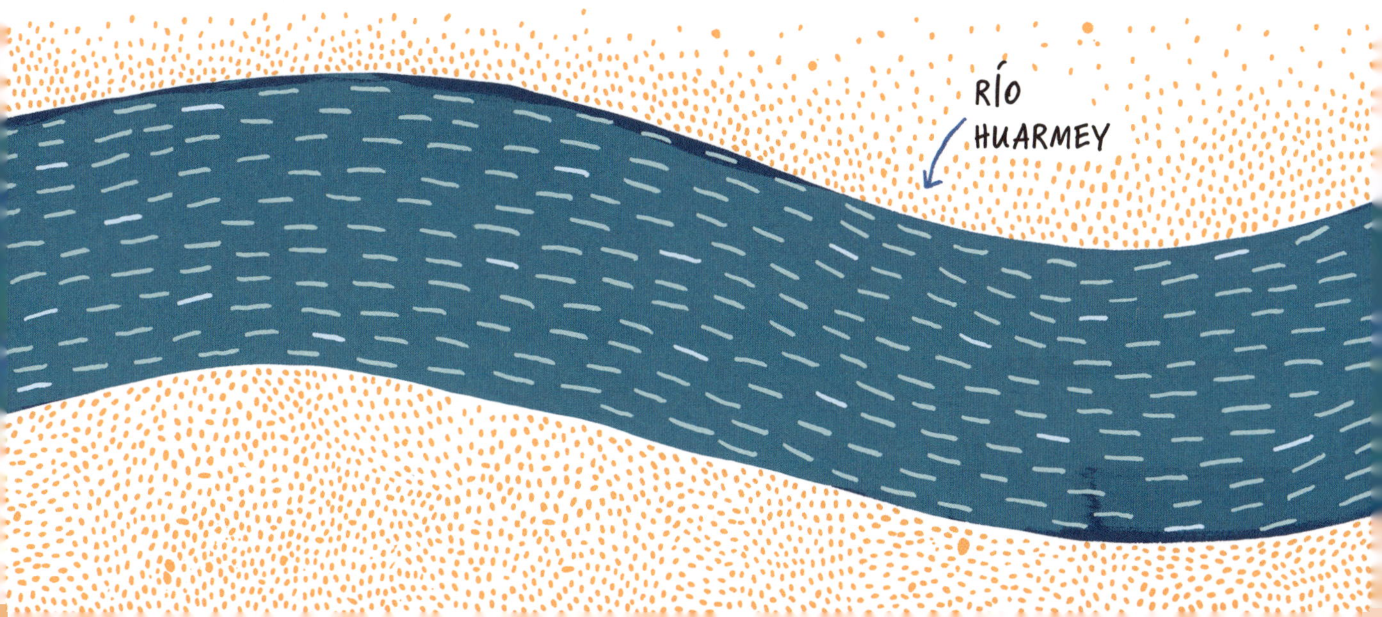

58 Aristokratinnen sowie die Leichen von sechs Menschenopfern. Eine der Frauen, etwa 70 Jahre alt, war die Königin der Wari. Alle Frauen waren mit kostbarem Schmuck begraben worden: Ohrschmuck, Armbändern, Halsketten und Ringen aus Gold, Silber und Halbedelsteinen. Ihre Körper hatte man nach ihrem Tod in feine Stoffe gehüllt. In dem Grab wurden unter anderem Schnüre mit der ältesten bekannten Knotenschrift Quipu und … ein Goldbarren im Wert von mehreren tausend Dollar gefunden.

Und dann bekamen die Archäolog:innen Angst. In einem kleinen Ort wie Huarmey, wo jeder jeden kennt, könnte auch jede Person, die bei den Ausgrabungen half, den *huaqueros* die Entdeckung melden. Und die würden mit Waffen kommen. So wäre nicht nur die Ausgrabung in Gefahr gewesen, sondern auch das Leben der Archäolog:innen!

Die Forscher:innen legten fest, dass sie nur auf Polnisch miteinander reden würden und niemand vor Freude aufspringen dürfe, wenn sie oder er Schätze entdeckte. Und daran hielten sich auch alle! Die Welt (einschließlich der *huaqueros*) erfuhr erst von dem Fund, nachdem alles sicher in einem Museum in Lima war.

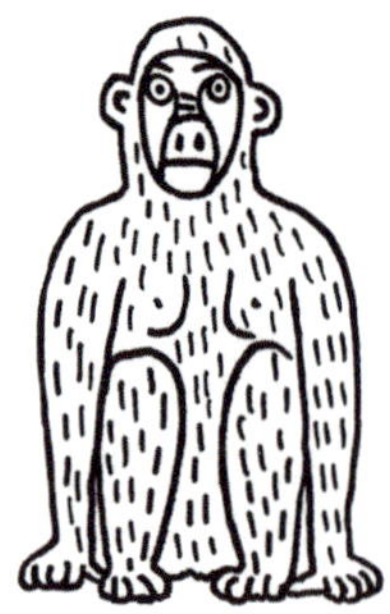

Entdeckung 13

DIE WEISSE STADT DES AFFENGOTTES

→ **Die LiDAR-Technologie enthüllt (möglicherweise) Ciudad Blanca.**

Schon die spanischen Eroberer suchten die Weiße Stadt, auch Ciudad Blanca genannt. Hernán Cortés schrieb 1526 an den spanischen König Karl V. von Habsburg: »Die Berichte über diese Region sind so wunderbar, dass ihr Reichtum, selbst wenn wir einige Übertreibungen zulassen, das übersteigt, was wir in Mexiko gefunden haben.« Im Jahr 1544 erzählten lokale Bergführer dem Bischof Cristóbal de Pedraza, dass die Menschen in Ciudad Blanca von goldenen Tellern gegessen hätten. Weder Cortés noch seine Nachfolger fanden die Stadt und ihr verstecktes Gold. Wahrscheinlich war sie nur eine Legende, die die Eroberer verwirren sollte.

Viele Expeditionen widmeten sich der Suche nach der mysteriösen Stadt. Eine davon leitete 1949 der amerikanische Reisende und Spion Theodore Morde, der für manche als das Vorbild für Indiana Jones aus den Spielberg-Filmen gilt. Als Morde in die USA zurückkehrte, gab er bekannt, dass er auf die Ruinen einer Siedlung gestoßen war, deren Bewohner die Statue eines Menschenaffen verehrten. Morde nahm Tausende von antiken Artefakten mit, die sich heute im Smithsonian Institute in Washington, D.C. befinden. Wo genau er sie gefunden hatte, behielt er für sich, und er nahm dieses Geheimnis 1954 mit ins Grab.

Der amerikanische Filmemacher und Amateurarchäologe Steve Elkins organisierte 2012 eine weitere Expedition. Weil er sich nicht durch den gefährlichen Dschungel schlagen wollte, forschte er mit einem LIDAR-System von der Luft aus.

LIDAR ähnelt einem Radar, sendet aber statt Schallwellen Lichtimpulse aus. Und indem es die Zeit misst, in der Impulse von verschiedenen Oberflächen zurückgeworfen werden, erstellt es ein digitales Bild des Bereichs mit einer

Genauigkeit von etwa zehn Zentimetern. Eine Woche lang untersuchten Wissenschaftler:innen mehr als 200 Quadratkilometer der Region La Mosquitia. Eine Expedition am Boden hätte mehrere Jahrzehnte gedauert.

Die Forscher:innen entfernten am Computer die Aufnahmen der Blätter und sahen pyramidenartige Strukturen, die unter den Baumkronen verborgen waren. Weitere Studien ergaben, dass es im Dschungel zwei große Städte und ein Dutzend kleinerer Siedlungen gab. Die von LiDAR erstellten Pläne zeigen deutlich gepflasterte Straßen, Parks, Pyramiden, kleine Wohngebäude, öffentliche Plätze sowie ein fortschrittliches Bewässerungssystem.

Um ihre Entdeckung zu bestätigen, organisierten die Wissenschaftler:innen 2015 eine weitere Expedition, die wochenlang durch den Tropenwald im Osten von Honduras nahe der Grenze zu Nicaragua führte. Nach gefährlichen Begegnungen mit Schlangen, Insekten und giftigen Pflanzen fanden sie tatsächlich riesige, verlassene Gebäude. Mehr über diese Expedition kannst du in dem Buch *Die Stadt des Affengottes* von Douglas Preston lesen, der selbst an ihr teilnahm.

Jetzt muss ich dich leider enttäuschen. Wir wissen immer noch nicht, ob die Wissenschaftler:innen tatsächlich Ciudad Blanca entdeckten. So oder so war die Entdeckung von Städten im honduranischen Dschungel etwas Besonderes: Bis vor Kurzem war man davon überzeugt gewesen, dass in diesem Gebiet nur verstreute Gruppen von Jägern und Sammlern gelebt hatten.

Entdeckung **14**

DER STIER IM LABYRINTH

→ **Minos Kalokairinos und Arthur Evans entdecken den Palast von Knossos.**

Praktisch jeder auf Kreta wusste, dass sich unter dem Kefala-Hügel in Knossos, wenige Kilometer südlich des heutigen Heraklion, etwas Interessantes versteckte. Dem Mythos nach lebte in Knossos der König Minos, der in einem Labyrinth ein Wesen hielt, das halb Mensch und halb Stier war: den Minotaurus. Nach der Entdeckung Trojas und dem Beginn der Ausgrabungen in Mykene (wo die berühmte Stadt und Festung aus der Bronzezeit gefunden wurde) erwarteten die Wissenschaftler:innen, dass sie auf Kreta ähnliche Wunder vorfinden würden.

Minos Kalokairinos, ein örtlicher Lehrer, Kaufmann und Antiquar (sowie Hobbyarchäologe), führte 1877 und 1878 mehrere Ausgrabungen auf dem Kefala-Hügel durch, die frühere Annahmen bestätigten. Wahrscheinlich stieß er auf Vorratskammern des Palastes, die Pithoi enthielten: große Tongefäße, die einst mit Getreide, Öl und anderem gefüllt waren. Aber sicher ist es nicht, denn einige Jahre später brannte sein Haus während der Befreiungskämpfe auf Kreta ab, und mit ihm alle Notizen und die meisten Funde der Ausgrabung.

Nach Kalokairinos beantragten viele andere Wissenschaftler einen *firman*, eine Ausgrabungsgenehmigung, aber die osmanische Verwaltung auf Kreta

erteilte sie nicht. Kreta (und ganz Griechenland) wurde damals nämlich von den Osmanen regiert. Die Kreter versuchten, sich von dieser Herrschaft zu befreien. Deshalb kam es auf der Insel oft zu Kämpfen.

Schließlich interessierte sich Arthur Evans, einer der Mitarbeiter des Ashmolean Museum in Oxford, für Kreta. Er trauerte damals um seine Frau und wusste nicht, was er mit dem Rest seines Lebens anfangen sollte. Evans sammelte alte Siegel, darunter waren viele Abdrücke von Exemplaren aus Kreta. Also beschloss er, die Insel zu besuchen. Als er den Kefala-Hügel sah, spürte er, dass er dort Ausgrabungen durchführen musste.

Evans ging praktisch vor: Er kaufte ein Viertel des Hügels und behielt sich das Recht vor, den Rest ebenfalls zu erwerben. Er versuchte auch, auf verschiedene Weisen die Gunst der osmanischen Beamten zu gewinnen. Er richtete sogar einen Fonds ein, um die Kosten der Ausgrabungen zu decken, aber ... nur er zahlte Geld in die Kasse ein. Es reichte nicht für eine Ausgrabungsgenehmigung.

Doch dann half Evans die Geschichte. 1895 brach auf Kreta ein Aufstand aus. Nach dem Vorbild des griechischen Festlandes wollte sich die Insel von der osmanischen Herrschaft befreien. Das ganze Land war in Unruhen und Kämpfen

versunken (damals brannte das Haus von Kalokairinos in Heraklion nieder). 1898 erlangte Kreta Autonomie (unter dem Protektorat des Sultans), und der *firman* für die Ausgrabungen war nicht mehr notwendig. Ein Jahr später begann Evans mit der Arbeit am Kefala-Hügel. Nach fünf Jahren der Forschung, die er mit seinem eigenen Geld finanziert hatte, stand er ohne einen Cent da und kam nur durch ein Erbe wieder auf die Beine.

Kalokairinos brachte Evans vor Gericht, weil der Engländer auch auf seinem Land gegraben und die Artefakte ohne Erlaubnis entfernt hatte: Beide Anschuldigungen waren wahr. Kalokairinos starb jedoch, und die Angelegenheit wurde nicht geregelt. Schließlich entdeckte Evans unter dem Kefala einen riesigen Palast. Es gab dort wundervolle Fresken, in denen elegante Damen jungen Männern beim Tanz mit Stieren zusehen. Er fand auch schöne Keramiken, die unter anderem mit Meerestieren bemalt waren (am besten sind die geheimnisvollen Tintenfische!).

Heute kritisieren viele Forscher Evans: Sie behaupten, er habe bei den Ausgrabungen viele Fehler gemacht, die Epochen verwechselt und seine eigene Sicht auf die Antike durchgesetzt. Aber man muss ihm anrechnen, dass er die minoische Zivilisation entdeckt hat. Ohne Evans hätten wir vielleicht nie erfahren, dass der riesige Palast von Knossos mit seinen zahlreichen Winkeln wahrscheinlich das Labyrinth aus dem Minotaurus-Mythos ist.

Entdeckung 15

LUCY IN THE SKY WITH DIAMONDS

→ **Donald Johanson und Tom Gray entdecken das berühmteste Skelett der Geschichte.**

»Am 30. November 1974 wachte ich wie gewöhnlich, wenn ich mich auf einer Expedition befinde, schon am frühen Morgen bei Tagesanbruch auf. Wir hatten das Lager am Ufer des schmalen, schlammigen Flusses Awash in der Nähe von Hadar in Äthiopien, etwa 160 Kilometer nordöstlich von Addis Abeba, aufgeschlagen.« Das schrieb Donald Johanson, der Entdecker des berühmtesten Skeletts der Welt, in sein Tagebuch.

Es gibt nur wenige Entdeckungen, bei denen Glück eine so große Rolle spielt. Denn am Morgen dieses Tages wollte Johanson eigentlich im Lager bleiben und Funde katalogisieren, doch aus einem Impuls heraus begleitete er den Wissenschaftler Tom Gray. Die beiden fuhren an einen Ort, der in dieser Saison bereits mehrmals von anderen Teilnehmenden der Expedition untersucht worden war. Tom Gray wollte die Stelle auf der Karte einzeichnen.

Nachdem sie einige Stunden in der Hitze den Boden abgesucht hatten, beschlossen die müden und verschwitzten Wissenschaftler, dass es an der Zeit war, ins Lager zurückzufahren. Aber Johanson wollte sich spontan eine Senke anschauen, und dort sah er dann einen Knochen. Die Wissenschaftler trauten ihren Augen nicht: Sie fanden nicht nur einen Knochen, sondern mehrere, die zu demselben Individuum gehörten. Sie versuchten, ihre Begeisterung zu zügeln, aber vergebens. Sie kehrten ins Lager zurück und riefen: »Wir haben es gefunden!« Alle Mitglieder der Expedition liefen hinaus, um den ungewöhnlichen Fund zu betrachten. Es dauerte drei Wochen, ihn zu bergen und zu beschreiben. Die Forscher hatten recht: Sie fanden 47 Knochen, die zu einem einzigen Menschen gehörten, über 40% des Skeletts! Ihre Begeisterung ist nachvollziehbar, denn bis dahin hatten Wissenschaftler:innen auf der Suche nach menschlichen Vorfahr:innen immer nur einzelne Knochen gefunden.

Niemand im Lager schlief in dieser Nacht, alle feierten die großartige Entdeckung und tanzten zu dem Beatles-Song *Lucy in the Sky with Diamonds*. Da kam jemand auf die Idee, das Skelett Lucy zu nennen. Sein offizieller Name, AL 2881, ist ziemlich trocken. Deshalb gaben ihm auch die Äthiopier einen anderen Namen: Dinkinesh. Auf Amharisch bedeutet das »Du Wunderbare«. Die meisten Menschen kennen das Skelett aber als Lucy.

Durch ihre Knochen wissen wir viel über sie. Sie war noch jung, aber schon ausgewachsen, denn sie hatte schon alle Zähne, und diese zeigten sogar

Verschleißerscheinungen. Sie war klein, etwa einen Meter groß. Und sie hatte ein kleines Gehirn – etwa so groß wie das eines Schimpansen. Lucy unterschied sich jedoch in der Struktur der Wirbelsäule und des Beckens von Menschenaffen: Sie ging aufrecht auf zwei Beinen. Es ist sehr wahrscheinlich, dass sie die Vorfahrin der Menschen ist.

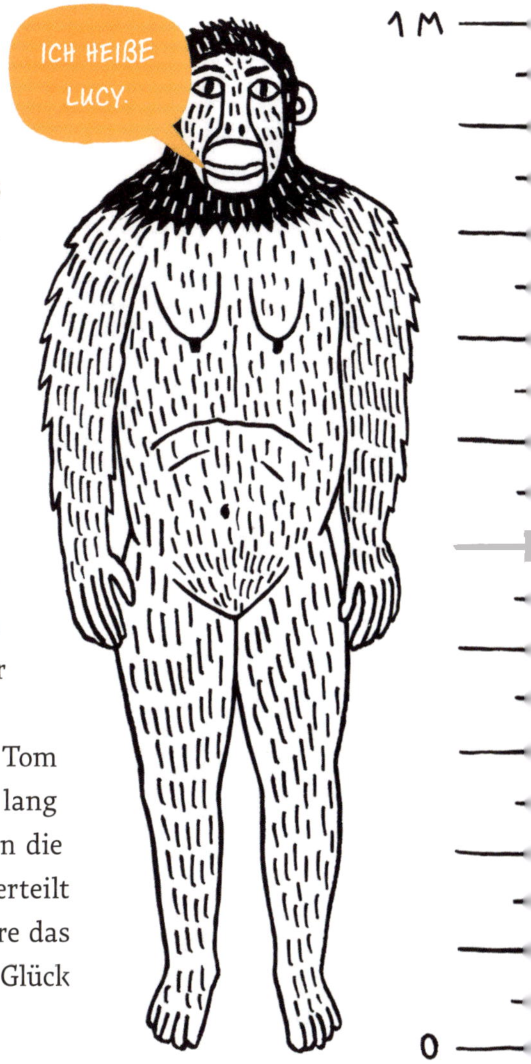

Bevor Lucy entdeckt wurde, war das älteste fast vollständige Skelett eines Menschenaffen das eines Neandertalers von vor 75 000 Jahren. Lucy ist viel älter! Das Alter ihrer Knochen bestimmten die Wissenschaftler, indem sie den Gehalt von den instabilen Varianten der Elemente Argon und Kalium im umliegenden Gestein untersuchten (durch eine ähnliche Methode wie die C14-Messung, die du von Seite 28 kennst). So fanden sie heraus, dass Lucy über drei Millionen Jahre alt ist.

Wäre Johanson an genau diesem Morgen nicht mit Tom Gray zu genau diesem Ort gefahren, wäre viele Jahre lang kein Forscher mehr dort vorbeigekommen. Später wären die Knochen wahrscheinlich vom Regen weggespült und verteilt gewesen. Hätten sie früher mit der Suche begonnen, wäre das Skelett immer noch im Boden verborgen gewesen. Zum Glück waren sie exakt zur richtigen Zeit am richtigen Ort!

Entdeckung 16

»NIEMAND WOLLTE MITKOMMEN«

→ **Hiram Bingham entdeckt Machu Picchu.**

Hiram Bingham, Professor für lateinamerikanische Geschichte an der Yale University und Ehemann der Tiffany-Erbin Alfreda Mitchell, zog es vor, *Entdecker* und nicht Wissenschaftler genannt zu werden. Er beendete sein Studium nie, aber

er hatte die Neugier auf die Welt in sich, die alle wahren Archäolog:innen auszeichnet. Und genau diese Neugier bescherte ihm eine außergewöhnliche Entdeckung.

Ob »Entdeckung« wohl das richtige Wort ist? Machu Picchu, erbaut um 1450 auf Befehl des neunten Inka-Königs Pachacúcuti, hatte sich eigentlich nie versteckt. In der Nähe dieser einst riesigen und später verlassenen Stadt lebten stets Bauern. Sie kannten die Ruinen, aber irgendwie kam es nicht dazu, dass Fremde Machu Picchu erreichten. Dabei nahmen die von Francisco Pizarro angeführten Eroberer nach 1530 fast das gesamte Gebiet von Peru für den spanischen König ein. Wissenschaftler:innen streiten darüber, ob die Stadt von Pizarro übersehen wurde oder ob die Inka ihre Existenz vor den Europäern geheim hielten.

Tatsache ist, dass Machu Picchu nicht leicht zu erreichen ist. Du musst den Río Urubamba überqueren, der bei Regen anschwillt und Brücken mit sich reißt. Im Jahr 2010 saßen während sintflutartiger Regenfälle in der Nähe von Machu Picchu 2000 Touristen und genauso viele Einheimische fest; sie wurden schließlich ausgeflogen. Du kannst dir also vorstellen, wie schwierig die Expedition von Hiram Bingham im Jahr 1911 war.

Der Entdecker wusste nicht, was ihn erwarten würde, als örtliche Führer ihm am 24. Juli versprachen, ihn zu den Ruinen der Inkastadt zu bringen. Er nahm an, dass es nichts Bemerkenswertes sein würde. Das dachten auch die anderen Teilnehmer:innen und nutzten den Tag, um sich im Lager auszuruhen. Der Chef fühlte sich jedoch verpflichtet, jedes Denkmal zu notieren, und so machte er sich nur mit den Führern auf den Weg in die Berge. Beinahe wäre die Expedition vorzeitig geendet: Bingham fürchtete sich davor, den reißenden Fluss über eine wacklige Holzbrücke zu überqueren. Wie er in seinen Tagebüchern zugab, kroch er auf allen vieren hinüber.

Es stellte sich jedoch heraus, dass die Inkastadt am Hang die Mühe wert war. Bingham sah prächtige Bauwerke aus Stein, die ohne Mörtel so sauber verlegt worden waren, dass keine Messerklinge zwischen die einzelnen Blöcke passte. Er sah auch alte Tempel, in denen seiner Meinung nach der Sonnengott verehrt worden war. Die anderen Forscher:innen bereuten es bestimmt bitter, an diesem denkwürdigen Ereignis nicht teilgenommen zu haben.

Entdeckung 17

MAUERN FÜR DIE TROMPETEN VON JERICHO

→ **Kathleen Kenyon entdeckt die Ursprünge der Landwirtschaft in Jericho.**

Du kennst diese Geschichte bereits: Jemand führt eine Ausgrabung durch und findet nichts, und dann kommt jemand anderes und macht eine erstaunliche Entdeckung. So war es auch bei der britischen Archäologin Kathleen Kenyon. John Garstang hatte Schichten aus der Bronzezeit und der vorangegangenen Steinzeit enthüllt. Aber im Jahr 1952 beschloss Kenyon, tiefer zu graben.

In den untersten Schichten der Stadt Jericho (also in den ältesten) entdeckte die Forscherin mächtige Steinmauern mit mindestens einem Wachturm sowie einen tiefen Festungsgraben. Anscheinend hatten die Bewohner dieses ältesten Jerichos gemeint, sie seien gefährdet und müssten sich verteidigen.

Die Mauern von Jericho sind aus der Bibel bekannt. Im Buch Josua im Alten Testament findest du die Geschichte, wie die bis dahin uneinnehmbaren Festungsmauern der Stadt beim Klang von Schofaroth, von israelitischen Priestern geblasenen Widderhörnern, zerbröckelten. Vielleicht wurde diese Legende tatsächlich von den Ruinen der ältesten Mauern von Jericho inspiriert, die im ersten Jahrtausend v. Chr. wahrscheinlich sichtbar waren.

Die Mauern waren aber nicht Kathleen Kenyons größte Entdeckung. Damals glaubten die meisten Gelehrten noch, dass die Landwirtschaft ihren Ursprung am Nil hatte: etwa 3000 oder

4000 Jahre v. Chr. Als Kenyon die Jericho-Proben an das Labor von Willard Libby in Chicago übergab, wo sie mit der Radiokarbonmethode untersucht werden sollten, erwartete sie ähnliche Ergebnisse. Zum Erstaunen aller kam heraus, dass die ältesten Proben aus Jericho aus dem 8. Jahrtausend v. Chr. stammten (und spätere Studien zeigten, dass dort *noch* früher Menschen gelebt hatten!). Entdeckungen in Abu Hureyra in Syrien oder in Çayönü und in Çatalhöyük in der Türkei bestätigten, dass der Mensch viel früher Landwirtschaft betrieben hatte als gedacht und dass sie wahrscheinlich östlich von Ägypten entstanden war.

Damals machten die archäologischen Funde Schlagzeilen. Durch die Ausgrabungen von Kenyon in Palästina interessierten sich plötzlich alle möglichen Leute für die Anfänge der Landwirtschaft.

Kathleen Kenyon machte eine weitere außergewöhnliche Entdeckung in Jericho: Unter dem Boden eines der Häuser wurden mehrere menschliche Schädel gefunden, ohne Unterkiefer, dafür aber mit Lehm beklebt und mit Muscheln anstelle von Augen. Einer der Schädel hatte sogar in Ton modellierte Gesichtszüge. Kenyon nahm an, dass die Schädel Beweise für die Verehrung der Vorfahren waren. Wahrscheinlich wollten die Menschen ihre verstorbenen Verwandten immer in ihrer unmittelbaren Nähe haben. Es ist möglich, dass die Lebenden ihre Vorfahren in besonders schwierigen Momenten um Schutz baten. Wir sind uns jedoch nicht sicher, weil die Menschen von Jericho keine Aufzeichnungen hinterlassen haben. Sie kannten nämlich noch keine Schrift.

10

MYTHEN ÜBER DIE VERGANGENHEIT, DIE DIE ARCHÄOLOGIE WIDERLEGT HAT

Mythos **1**

DIE LANDWIRTSCHAFT ERMÖGLICHTE DEN MENSCHEN EIN BESSERES LEBEN

Hast du lieber immer etwas zu essen zu Hause oder rennst du jedes Mal zum Supermarkt, wenn du Hunger hast? Wahrscheinlich Ersteres, oder? Das sahen auch die Menschen in der Vergangenheit so, sie entwickelten sich von Jägern und Sammlern zu Bauern und Züchtern.

Natürlich veränderte sich die Menschheit nicht über Nacht. Die Domestizierung von Tieren und Pflanzen (ja, auch Pflanzen wurden domestiziert) war ein Prozess, der Jahrtausende dauerte.

Oder doch nicht ...? Bis vor Kurzem glaubten die Archäolog:innen, dass Land- und Viehwirtschaft die Lebensqualität unserer Vorfahr:innen erheblich verbesserten. Inzwischen zeigen immer mehr Studien, dass es genau umgekehrt war. Die Menschen bezahlten den leichteren Zugang zu Nahrung mit so harter Arbeit, dass sie Spuren auf ihren Skeletten hinterließ.

Die neolithische Siedlung Çatalhöyük befand sich in der heutigen Türkei. Ihre Bewohnerinnen und Bewohner gehörten zu den ersten Menschen, die das Jagen und Sammeln aufgaben, um mit der Landwirtschaft und der Zucht von Tieren zu beginnen. Der Getreideanbau machte die Erde jedoch unfruchtbar (es wuchsen immer weniger Pflanzen). Die damaligen Bauern wussten noch nicht,

dass man den Boden düngen muss. In dem Maß, wie die Bevölkerungszahl von Çatalhöyük wuchs und immer mehr Nahrung benötigte, produzierten die Felder rund um die Siedlung immer weniger Getreide. Untersuchungen der gefundenen Knochen zeigen, dass die Bewohner:innen in den letzten Jahren von Çatalhöyük gezwungen waren, viel mehr zu laufen als zuvor, weil das Ackerland weit von der Siedlung entfernt lag.

Außerdem war dieses neue Lebensmittel nicht unbedingt gesund. Die chemische Analyse der Knochen ergab, dass in Çatalhöyük hauptsächlich Brot und Grütze aus Weizen, Gerste und Roggen gegessen wurden. Die große Menge Kohlenhydrate und die weichen Lebensmittel verursachten Karies. Etwa 13% der in Çatalhöyük gefundenen Erwachsenenskelette haben Löcher in den Zähnen.

Die neolithischen Bauerngemeinschaften waren auch viel größer als die Jägergruppen. In Çatalhöyük waren die Häuser so zusammengebaut, dass es keine Straßen gab und die Leute über die Dächer von Haus zu Haus gingen. Tiere und Menschen lebten eng beieinander, Müllhalden und Toiletten lagen neben Schlaf- und Essplätzen. So breiteten sich in Çatalhöyük bis dahin unbekannte Krankheiten aus.

Forscher:innen sind auch der Meinung, dass das Zusammenleben auf so engem Raum zu hohem Stress und Aggressionen führte. Die Stadtmenschen stritten und kämpften öfter als die Jäger und Sammler. Archäolog:innen untersuchten 93 Schädel aus Catalhöyük und fanden an 25 schwere Schäden.

Du fragst dich sicher, warum die Menschen dann bei der Landwirtschaft und Tierhaltung geblieben sind? Das ist eine Frage, die noch unbeantwortet ist.

Mythos 2

ATLANTIS EXISTIERTE ... UND VERSANK

Der Athener Philosoph Platon beschrieb Atlantis erstmals um 360 v. Chr. Benannt ist die Insel nach ihrem König Atlas, dem ältesten Sohn des Meeresgottes Poseidon und der Sterblichen Kleito. Platon schrieb, dass Poseidon das Zentrum der Insel abwechselnd mit Ringen aus Erde und Wasser umgeben hatte und die Atlanter mit Schiffen auf diesen Kanälen fuhren. Auf dem Hügel in der Mitte errichteten sie den mit Silber und Gold geschmückten Tempel des Poseidon.

Das Land Atlantis galt als äußerst fruchtbar und reich an Edelmetallen. Die Atlanter hatten ihre Hauptstadt mit Mauern aus schwarzem, weißem und rotem Stein befestigt. Zusätzlich hatten sie die Mauern mit einer Messingschicht bedeckt, die an sonnigen Tagen schimmerte.

Das reiche und mächtige Atlantis, so der Philosoph, wurde von den Göttern zerstört: Nach einem großen Erdbeben soll es von Wellen verschluckt worden sein. Seit Platon über den Aufstieg und Fall von Atlantis schrieb, ist es die meistgesuchte mythische Stadt.

Sowohl Wissenschaftler:innen als auch Sensationssucher:innen wollten die verlorene Insel finden: in Palästina, Zentralasien, Mexiko, vor der Küste Großbritanniens, in Bolivien und sogar in der Antarktis.

Aber Atlantis wird nie gefunden werden, weil ... es nie existiert hat. Genauso gut könnte man nach Hogwarts suchen, dem Schloss, in dem Harry Potter zur Schule ging. Immerhin hat J. K. Rowling es viel genauer beschrieben als Platon Atlantis – in nicht weniger als sieben Büchern.

Platon schuf eine wunderschöne, aber rein ausgedachte Welt. Seine Beschreibungen orientieren sich einfach an dem, was die Griechen eh kannten:

Eine Insel wird von einem Erdbeben zerstört? In Griechenland sind solche Katastrophen an der Tagesordnung gewesen.

Eine Stadt, die von kreisförmigen Wassergräben umgeben ist? Die Griechen betrachteten den Kreis als *die* perfekte Form.

Berge im Norden und an der Küste? Genau wie in Griechenland.

Die Insel lag hinter den Säulen des Herakles (wahrscheinlich die Meerenge bei Gibraltar)? Das war das Ende der Welt, die den Griechen bekannt war.

Es ist auch möglich, dass Platon, als er über den Untergang von Atlantis schrieb, an die Naturkatastrophe dachte, die sich über 1000 Jahre zuvor auf einer kleinen Insel ereignet hatte: Der Vulkanausbruch in Santorin verursachte einen Tsunami, also riesige Wellen, die mehrere Dutzend Meter hoch waren. Die Wassermassen zerstörten Schiffe, Hafenanlagen und sogar die Küstensiedlungen im nahe gelegenen Kreta.

Forscher:innen verglichen den Ausbruch mit der Vulkanexplosion auf Krakatau in Indonesien im Jahr 1883. Damals umkreiste ein Tsunami mit Wellen von 40 Metern Höhe und einer Geschwindigkeit von über 700 Stundenkilometern (also nicht viel weniger als die Geschwindigkeit eines Passagierflugzeugs) die halbe Welt. Fast drei Jahre lang ließen die verbleibenden Gase und Aschepartikel die Sonne grünlich und den Mond bläulich aussehen. Diese Explosion war 150 Megatonnen stark. Stell dir nun vor, die Explosion auf Santorin wäre zehnmal stärker gewesen! Archäolog:innen haben Spuren von Asche und vulkanischem Bims aus Santorin in Anatolien, Ägypten und der Schwarzmeerregion ausgegraben.

Neben den Tsunamiwellen und dem Niederschlag von Tonnen aus Staub und Gestein hatte der Vulkanausbruch auf Santorin noch weitere Folgen: Eine Wolke aus Vulkanasche blockierte die Sonnenstrahlung. Das erschwerte den Anbau von Feldfrüchten und hatte im Mittelmeerraum wohl den Hungertod vieler Menschen zur Folge.

Der Ausbruch des Krakatau tötete fast 40 000 Menschen. Wie viele Opfer die Explosion auf Santorin forderte, ist nicht bekannt. Im teilweise ausgegrabenen Akrotiri fanden die Forscher:innen keine Leichen. Zwar waren die Alltagsutensilien noch an Ort und Stelle, aber die Archäolog:innen entdeckten kaum Wertsachen. Anscheinend hatten die Stadtbewohner:innen Zeit gehabt, das Wichtigste einzupacken und zu fliehen. Allerdings wurde bisher nur ein winziger Teil der antiken Stadt freigelegt. Möglicherweise würde man im Hafen, wo verängstigte Menschen versuchten, auf auslaufende Schiffe zu flüchten, Leichen finden.

Mythos 3

HERODES WAR EIN SEHR BÖSER KÖNIG

Du hast vielleicht schon von König Herodes gehört. Es ist derjenige, der laut Matthäusevangelium den Kindermord in Bethlehem anordnete. Aus Angst, Jesus würde ihm seine Krone rauben, ließ er die neugeborenen männlichen Kinder aller jüdischen Familien töten. Das ist der Grund, warum König Herodes, der Judäa bis etwa 4 v. Chr. regierte, lange als Monster angesehen wurde. Bis sich Historiker:innen und Archäolog:innen genauer mit der Sache beschäftigten: Sie fanden heraus, dass die Legende vom Kindermord Unsinn ist. Allerdings steckt in jedem Märchen ein Körnchen Wahrheit. Herodes, der eine Verschwörung befürchtete, befahl tatsächlich, einige Mitglieder seiner eigenen Familie zu töten. Sein Schwager Aristobulos wurde in einem Schwimmbecken ertränkt. Herodes ermordete seine Frau Mariamne I. – er beschuldigte sie des Ehebruchs. Später befahl er, seine Schwiegermutter Alexandra zu töten, die sich nach dem Tod ihrer Tochter zur rechtmäßigen Herrscherin von Judäa erklären ließ und

ihren Schwiegersohn entthronen wollte. 7 v. Chr. ereilte das gleiche Schicksal die Söhne von Herodes und Mariamne: Alexander und Aristobulos, und dann Antipatros, den Sohn des Herodes aus erster Ehe …

Die Angst um sein eigenes Leben hinderte Herodes aber nicht daran, Gutes für seine Untertan:innen zu tun. Er ließ viele Gebäude errichten, durch deren Bau er als Herodes der Große berühmt wurde: Die Festung von Masada wurde auf Geheiß des Königs wiederaufgebaut, ein Hafen namens Caesarea wurde auf seinen Befehl hin geschaffen. Herodes ließ ein System entwickeln, um Wasser nach Jerusalem zu bringen. Das berühmteste Werk von Herodes dem Großen war der Ausbau des Zweiten Tempels in Jerusalem, eines der größten Projekte in der griechisch-römischen Welt. Um das Gelände zu vergrößern, wurde sogar der Berg Moria eingeebnet: Um ihn herum wurde ein Graben ausgehoben, dann legten die Arbeiter ein Fundament aus Steinen, von denen die größten über 600 Tonnen wogen! Der Tempel selbst wurde aus weißem Marmor gebaut, der von weither gebracht wurde.

Herodes half auch, die untergehenden Olympischen Spiele zu retten (ja, *die* berühmten antiken Sportwettkämpfe): Er spendete dem Organisator eine große Geldsumme und wurde auf Lebenszeit zum obersten Verantwortlichen der Olympischen Spiele ernannt. Und als die Bevölkerung während der Ernteausfälle von 25 bis 24 v. Chr. hungerte, nutzte der König seine politischen Kontakte, um Getreide aus Ägypten nach Judäa zu bringen.

Warum mochten ihn die Judäer:innen nicht? Der Mord an der Familie kann das Gewissen der damaligen Zeit nicht so sehr erschüttert haben: Römische Kaiser taten ganz ähnliche Dinge. Vermutlich ärgerten sich die Menschen darüber, dass Herodes wie ein Grieche oder Römer lebte und nicht wie ein Jude. Er umgab sich mit Philosophen, Historikern, Dichtern und Dramatikern und trug römische Gewänder. Er war mit römischen Politikern befreundet: mit Marcus Antonius und später mit Kaiser Augustus. Auf seinen Befehl hin wurden in Caesarea zahlreiche Tempel errichtet, unter anderem für Roma und Augustus (denn die Römer verehrten manche Kaiser wie Götter). Unter der Schirmherrschaft des Kaiserpaares veranstaltete Herodes dort alle fünf Jahre Gladiatorenkämpfe.

Leider wissen wir nicht, wie der »böse König« wirklich aussah. Obwohl es zu seiner Zeit üblich war, ein Bildnis des Herrschers auf Münzen zu prägen, wollte er das nicht. Vielleicht aus Angst, dass dieser griechisch-römische Brauch bei seinen Untertan:innen nicht gut ankommen würde.

Mythos 4

DIE ALTEN GRIECHEN LIEFEN NACKT HERUM

Wenn du antike Skulpturen oder Schnitzereien betrachtest, fällt dir eins sicher sofort ins Auge: Die Frauen tragen wallende Gewänder, während die Männer meist nackt sind. Waren die Straßen im alten Griechenland voller bekleideter Frauen und nackter Männer? Natürlich nicht! Tatsächlich zeigten sich die Griechen selten nackt. Dieser falsche Eindruck rührt daher, dass wir die griechische Kunst bis vor Kurzem zu wörtlich genommen haben. Wir lernen daraus etwas über das Leben in der Antike – und das zu Recht. Aber was eine Statue darstellt, entspricht nicht immer der Realität.

Nehmen wir beispielsweise den Parthenon – den berühmten griechischen Tempel der Athena, der Göttin der Weisheit und des gerechten Krieges, der Beschützerin Athens. Auf den Metopen – das sind die Flächen mit dekorativen Reliefs – siehst du Szenen, in denen nackte Griechen mit ihren Feinden kämpfen. Aber ein Kampf ohne Kleidung wäre Selbstmord gewesen ... Die Griechen kämpften wie alle anderen Völker bekleidet und oft in Rüstung. Die Künstler zeigten sie in den Kampfszenen nackt, damit man die schönen griechischen Krieger von den Barbaren in ihrer charakteristischen Kleidung unterscheiden konnte.

Auch Sterbende oder Besiegte auf dem Schlachtfeld wurden nackt dargestellt. In diesen Szenen ging es darum zu betonen, dass Leben, Schönheit und Kraft vergänglich sind.

Menschen bei der Arbeit wurden auch nackt oder halb nackt gezeigt, um ihre Muskeln zu betonen.

Insbesondere die Götter wurden nackt dargestellt, weil sich die Griech:innen die Bewohner:innen des Olymps als Geschöpfe mit perfekten Körpern vorstellten. Die Göttinnen aber trugen Gewänder, bis auf Aphrodite, die Göttin der Liebe und der Schönheit.

Dank der Arbeit von Archäolog:innen und Historiker:innen wissen wir, dass griechische Männer im wirklichen Leben ihre Kleidung nur unter bestimmten Umständen ablegten. Zum Beispiel bei sogenannten Symposien, die eine Mischung aus Festmahl und philosophischem Gespräch waren. An sportlichen Wettkämpfen nahmen die Athleten tatsächlich nackt teil. Im Alltag war die Nacktheit an öffentlichen Orten jedoch nicht erwünscht. Natürlich ritt man auch nicht ohne Kleidung auf Pferden. Das hätte echt wehgetan!

Mythos 5

IN DER ANTIKE WAR ALLES WEISS

Wenn die heutigen Tourist:innen ins Athen des 5. Jahrhunderts v. Chr. reisen und die Akropolis in ihrer Blütezeit sehen würden, wären sie ziemlich überrascht. Denn damals hoben sich die Gebäude nicht schneeweiß vom Blau des wolkenlosen Himmels ab. Der weiße Marmor der Gebäude und Statuen war mit leuchtenden Farben bemalt gewesen.

Archäolog:innen, die die Überreste antiker Gebäude und Skulpturen untersuchen, finden manchmal kleine Mengen Farbe an Stellen, an denen über die Jahrhunderte weder Sonne noch Regen gelangten. Dafür ist aber meist ein Mikroskop erforderlich. Solche Forschungen wurden von der griechischen Archäologin und Chemikerin Evi Papakonstantinou-Zioti durchgeführt und bestätigten, dass die gesamte Akropolis in schillernden Farben bemalt gewesen war. Die Statuen, die die Tempel auf dem heiligen Athener Hügel schmücken, müssen ein bisschen wie Gartenzwerge ausgesehen haben!

Warum also sind so viele Menschen davon überzeugt, dass in der Antike fast alles weiß war? Das ist die Schuld des Kunsthistorikers Johann Joachim Winckelmann aus dem 18. Jahrhundert, der auch als Vater der Archäologie bekannt ist. Winckelmann ist es zu verdanken, dass sich die Menschen für die Antike interessieren. Sein Buch *Geschichte der Kunst des Altertums* war in ganz Europa sehr beliebt. Es lockte die Leser:innen in fremde Länder (insbesondere Italien und Griechenland), wo sie die Überreste antiker Zivilisationen bewundern wollten.

Winckelmann, der keine Ahnung hatte, dass antike Skulpturen und Gebäude früher bunt waren, stellte die weißen Ruinen als höchste Errungenschaft der Kunst dar. Dieses Bild beeinflusste die Vorstellung späterer Wissenschaftler:innen so sehr, dass sie manchmal sogar versuchten, die Realität an diese Theorie anzupassen. So wurden beispielsweise die im British Museum aufbewahrten Akropolis-Skulpturen bei der Restaurierung von Resten der Farbe befreit, weil man meinte, dass sie die Besucher:innen störten. Um die wertvollen Skulpturen zu reinigen, verwendete man doch wirklich Meißel und Stahlwolle!

Mythos **6**

DIE FRAUEN DER ANTIKE HATTEN VIELE FREIHEITEN

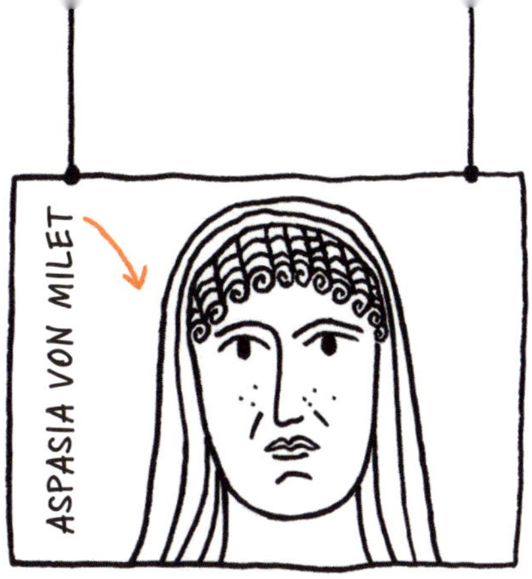

Gorgo, die Frau von Leonidas I., dem König von Sparta, las Berichten zufolge eine geheime Nachricht auf einer Platte, die unter Wachs verborgen war (sie warnte, dass die Perser, angeführt von König Xerxes, Griechenland angreifen wollten). Aspasia von Milet, die Frau des Athener Staatsmannes Perikles, war dessen Beraterin, und ihr Haus wurde von den bedeutendsten Denkern Athens besucht, darunter der Philosoph Sokrates. Die ehrgeizige Olympia, Mutter Alexanders des Großen, erzog ihren Sohn zum Herrscher über die ganze Welt. Die Gelehrte Hypatia von Alexandria war Philosophin und Mathematikerin; wahrscheinlich erfand sie auch das Astrolabium, ein astronomisches Recheninstrument. Die Römerin Hortensia war eine ausgezeichnete Rednerin und sprach wichtige öffentliche Angelegenheiten an.

Liest man von diesen herausragenden, kulturell und politisch versierten, unternehmerischen und gebildeten Persönlichkeiten, könnte man meinen, dass es schon in der Antike Gleichberechtigung gab. Das ist leider nicht wahr.

Es hab sogar einen weiblichen Teil des Hauses, den Frauen selten verlassen durften. Nur die Spartanerinnen genossen größere Freiheiten. Die Mädchen in Sparta gingen zur Schule wie die Jungen auch. Das war aber eine Ausnahme in einer Welt, in der die meisten Frauen nicht lesen konnten. Die Spartanerinnen wurden ermutigt, sich zu bewegen und Sport

zu treiben. Sie nahmen sogar an Wettkämpfen zu Ehren der Göttin Hera in Olympia teil. Im Gegensatz zum athenischen Recht zwangen die Gesetze von Sparta die Mädchen auch nicht zur Heirat.

Die größere Freiheit brachte auch eine größere Verantwortung mit sich. Die Männer der höchsten sozialen Gruppe in Sparta (auch diejenigen, die Familien hatten) waren bis zum Alter von 30 Jahren Soldaten und lebten in Kasernen. Die Frauen mussten sich also um den Familienbesitz kümmern. Zur gleichen Zeit durfte eine Frau in Athen nicht mehr Geld bei sich haben, als notwendig war, um zwei Eimer Getreide zu kaufen. In Sparta konnten auch Frauen erben, während in Athen das Erbe an den nächsten männlichen Nachkommen weitergegeben wurde.

Man darf aber nicht vergessen, dass auch die Freiheit der Spartanerinnen begrenzt war. Die Hauptaufgabe der spartanischen Frauen bestand schließlich darin, zukünftige Krieger auf die Welt zu bringen.

Mythos 7

DIE NEANDERTALER WAREN PRIMITIV

Als der deutsche Lehrer und Professor Johann Carl Fuhlrott 1856 der Welt den Schädel eines Neandertalers (benannt nach dem Fundort Neandertal) zeigte, fielen den Forscher:innen sofort dessen Besonderheiten auf: grobe Gesichtszüge, massive Knochen direkt über den Augen, ein schwach ausgeprägtes Kinn und eine fliehende Stirn. Wegen seines Aussehens, das viele nicht so schön finden wie das des *Homo sapiens*, wurde der *Homo neanderthalensis* auch als weniger intelligent eingeschätzt. Lange Zeit gingen Forscher:innen davon aus, dass die Neanderthaler:innen nicht artikuliert sprechen konnten, weder Symbole kannten noch abstrakte Ideen wie Gerechtigkeit oder Freiheit. Die Gelehrten behaupteten, sie wären keine guten Jäger (und daher oft verhungert) und auch nicht gut darin gewesen, Werkzeuge und Waffen herzustellen. Diejenigen, die den *Homo neanderthalensis* so streng beurteilten, übersahen jedoch die Tatsache, dass er einen größeren Schädel und ein größeres Gehirn als *Homo sapiens* (also auch als du) hatte. Und er wusste es zu nutzen!

Der Neandertaler tauchte vor etwa 350 000 Jahren in Europa auf und starb vor etwa 30 000 Jahren aus. Archäologische Funde belegen, dass er in Gruppen jagte und die Eigenschaften des Geländes dafür nutzte, beispielsweise trieb er Bisons in einen Hinterhalt, Mammuts und Wollnashörner in eine Schlucht ohne Ausgang. Er konnte also sehr wohl Pläne machen und umsetzen.

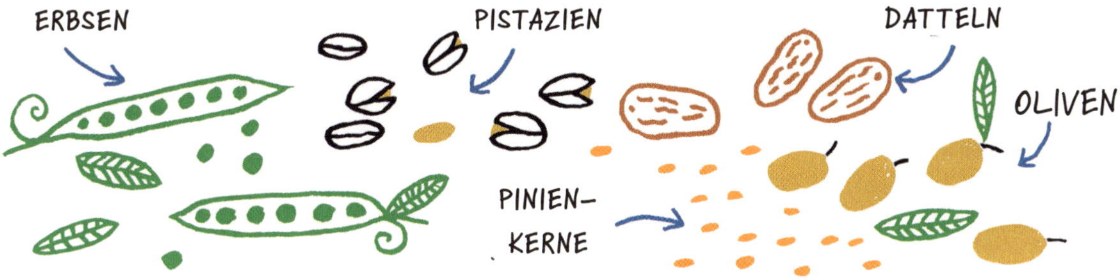

Es ist nicht wahr, dass er nicht genug zu essen hatte. Seine Fleischdiät ergänzte er mit wertvollen Lebensmitteln wie Erbsen, Oliven, Pinienkernen, Pistazien oder auch Datteln. Archäolog:innen haben auch Spuren von Ocker entdeckt, einem Farbpigment aus Eisenerde, mit dem die Neandertaler:innen ihre Körper bemalten. Sie trugen Halsketten aus Tierknochen und schafften Kunst. In Spanien gibt es drei Höhlen mit ockerfarbenen abstrakten Formen, die 20 000 Jahre vor der Entwicklung des *Homo sapiens* gemalt wurden.

Es gibt auch Hinweise darauf, dass sich die Neandertaler:innen umeinander kümmerten. In der Höhle Shanidar im Irak wurde das Skelett eines etwa 45-jährigen (was für damalige Verhältnisse sehr alt war) Neandertalers mit Spuren von Arthritis und einer Amputation der rechten Hand entdeckt. Der Unglückliche hatte vermutlich eine nicht heilende Verletzung erlitten, und sein Leben wurde durch diese Operation gerettet. Der in Shanidar bestattete Mann war außerdem auf einem Auge blind. Jemand muss ihn versorgt haben, sonst hätte er dieses Alter nicht erreicht.

Neandertaler:innen gingen später Beziehungen mit *Homo sapiens* ein und bekamen Kinder mit ihnen. Wissenschaftler:innen schätzen, dass jede:r von uns etwa 2 bis 4% Neandertaler-Gene in sich trägt.

Warum ist der *Homo neanderthalensis* ausgestorben? Forscher:innen sind sich nicht sicher. Wahrscheinlich wurde er vom *Homo sapiens* abgelöst, weil die Frauen unserer Art mehr Kinder zur Welt brachten.

Mythos 8

DIE PYRAMIDEN WURDEN VON AUSSERIRDISCHEN ERBAUT

Die ägyptischen Pyramiden, allen voran die drei Pharaonengräber in Gizeh – von Cheops, Chephren und Mykerinos – regen die Fantasie der Menschen an. Das war schon immer so: Bereits im 6. Jahrhundert n. Chr. behauptete der französische

Bischof Gregor von Tours, die Pyramiden wären die Getreidespeicher des biblischen Joseph. Laut dem Geistlichen wurde das Getreide von oben durch ein kleines Loch eingefüllt. Gregor von Tours hatte leider keine Idee, wie man das Getreide später herausholen oder vorm Schimmeln bewahren konnte. Trotzdem hielt sich seine Theorie bis ins 19. Jahrhundert. Dann reisten immer mehr Menschen aus Europa nach Ägypten und konnten mit eigenen Augen sehen, dass die Pyramiden von innen nicht hohl waren. Dann glaubte man allerdings, ... Noah hätte sie gebaut. Nachdem er vor der Flut gerettet worden war.

Im 20. Jahrhundert wurde eine Theorie beliebt, von der du vielleicht schon mal gehört hast: Viele Leute glauben, dass die riesigen Bauwerke nur von Bewohnern anderer Planeten errichtet werden konnten.

Leider muss ich dich enttäuschen, denn es brauchte keine Außerirdischen, um die Pyramiden zu bauen. Die Ägypter transportierten die riesigen Steinblöcke wahrscheinlich auf Schlitten und gossen Wasser über den Sand, um die Reibung zu verringern. Über große Rampen wurden die Blöcke nach oben gezogen (die Cheops-Pyramide ist über 140 Meter hoch). Mehr als 10 000 Arbeiter brauchte man dafür, aber der Pharao im alten Ägypten hatte absolute Macht. Er konnte jedem seiner Untertanen befehlen, sich am Bau seines Grabes zu beteiligen.

Allerdings hatten die ägyptischen Herrscher:innen einen perfekt organisierten Staat mit enormer Bürokratie und konnten ein so großes Unterfangen leicht organisieren. Lange vor der Errichtung der Grabmäler in Gizeh entstanden Mastabas, also kleinere, oben abgeschnittene Pyramiden aus getrockneten Lehmziegeln. Sie tauchten zu Beginn des dritten Jahrtausends v. Chr. am Nil auf.

Mehr oder weniger zur gleichen Zeit entstanden andere monumentale Bauwerke, wie die ersten mesopotamischen Zikkurats (Stufenbauten mit Tempeln an der Spitze). Ägypten selbst rühmte sich einer Vielzahl von Tempeln, Palästen, Grenzfestungen und Kanälen, die das Land als die Heimat hervorragender Architekten und Ingenieure auszeichnet.

Archäolog:innen entdeckten rund um die Pyramiden die Überreste kleiner Städte, die von den Arbeitern bewohnt wurden. In die Wände der Pyramiden sind Listen mit beteiligten Baumannschaften gemeißelt. Warum hätten Außerirdische das tun sollen?

Nicht nur Pharaonengräber werden Außerirdischen zugeschrieben. Viele Pseudowissenschaftler behaupten, dass Menschen ohne die Hilfe von Bewohnern anderer Planeten nicht in der Lage gewesen wären, die Maya-Tempel auf der Halbinsel Yucatán, Angkor Wat in Kambodscha oder die Statuen auf der Osterinsel zu errichten. Archäolog:innen haben jedoch in allen Fällen bewiesen, dass es sich um menschliche Werke handelt.

Mythos **9**

ALLE WIKINGERKRIEGER WAREN MÄNNER

Als in den 1980er Jahren auf der dänischen Insel Langeland Ausgrabungen auf einem Wikingerfriedhof durchgeführt wurden, wirkte das mit den Buchstaben BB gekennzeichnete Grab ganz normal. Erst vor Kurzem erkannten wir, wie einzigartig es ist. Etwas abseits gelegen, war es das einzige, in dem eine Waffe gefunden wurde: ein eisernes Beil. Und auch das ist nicht überraschend – überraschend ist, dass die Waffe einer Frau gehörte.

Vor einigen Jahren wurde ihr Skelett untersucht, wobei neben ihrem Geschlecht auch ihr Alter bestimmt wurde: Sie war zwischen 16 und 18 Jahre alt. Woran genau sie starb, konnte nicht festgestellt werden, aber wahrscheinlich nicht während eines Kampfes. Der Stoß einer Klinge hätte sichtbare Spuren auf den Knochen hinterlassen.

In der Wikingerzeit gab es Kriegerinnen. Von ihnen erzählen Legenden und Sagen, aber sie werden auch von dem mittelalterlichen Chronisten Saxo Grammaticus erwähnt. In seinem Werk *Gesta Danorum* beschreibt er Frauen, die sich wie Männer kleideten und kämpften. Er listet auch ihre Namen auf: Lathgertha, Hetha, Visna, Rusila, Stikla, Alvild und Gurith.

Die moderne Archäologie bestätigt die alten Legenden. Aus dem Raum Dänemark, Schweden und Norwegen kennen wir etwa dreißig Gräber von Frauen, die mit Waffen bestattet wurden. Alle diese Grabstätten stammen aus der sogenannten Wikingerzeit, also aus dem 8. bis 11. Jahrhundert n. Chr.: so auch das berühmte Grab in Birka, wo man unter anderem ein Schwert, ein Kampfmesser, ein Beil, zwei Speere und zwei Schilde fand.

Aber die Axt im Grab der Frau könnte auch etwas anderes bedeuten. Die Wikinger verwendeten Waffen auch für magische Rituale. Die Seher und Seherinnen der Wikinger (die auch oft Hosen und Rüstungen trugen) benutzten eine Axt, um die Zukunft vorherzusagen. In der *Ljósvetninga saga* aus dem 13. Jahrhundert schlägt eine Wahrsagerin mit ihren Waffen auf die Oberfläche eines Sees, woraufhin sich das Wasser rot färbt, was Unglück ankündigt. Es ist also möglich, dass die Frau aus dem Grab BB auf Langeland keine Kriegerin war, sondern eine Magierin.

Mythos 10

VAMPIRE SIND NUR EIN MÄRCHEN

Ich behaupte nicht, dass es Vampire – die mysteriösen Kreaturen, die bei Mondlicht herumfliegen, Blut saugen und Angst vor Knoblauch und Silber haben – wirklich gibt. Es ist aber eine Tatsache, dass die Menschen früher an Vampire glaubten! Geschichten über diese Wesen waren in vielen Kulturen bekannt: in Assyrien, Babylon, im alten Griechenland, im antiken Rom, im alten China. Die Bewohner des alten Indien glaubten zum Beispiel an die Existenz der Vetala, eines Phantoms, das kopfüber an Bäumen hing wie eine Fledermaus.

Vampirlegenden entstanden unabhängig voneinander in vielen Regionen der Welt, vielleicht weil die Menschen überall Angst davor hatten und gleichzeitig fasziniert davon waren, was nach dem Tod mit dem Körper passiert. Aufgrund mangelnder medizinischer Kenntnisse erregte natürliche Mumifizierung von Körpern damals Misstrauen, außerdem wurden kranke, für tot gehaltene Menschen aus Versehen lebendig begraben und »kehrten dann von den Toten zurück«.

Vor vielen Hundert Jahren konnte es in Osteuropa jedem, der in seiner Gemeinschaft auffiel, passieren, als Vampir abgestempelt zu werden. Man glaubte, dass Kriminelle, falsche Zeugen, totgeborene Kinder und Menschen, die eines gewaltsamen Todes gestorben waren, aus ihren Gräbern auferstanden. Als Vampire galten auch psychisch Kranke und Menschen, die an Lähmung, Zwergenwuchs (aber auch Riesenwuchs) oder Schizophrenie litten. Teilweise glaubte man sogar, dass Menschen mit roten Haaren, einer Hasenscharte oder zusammengewachsenen Augenbrauen Vampire sein könnten. Im polnischen Stary Brześć wurde das Grab eines »Vampirs« mit abgeschnittenem Kopf entdeckt (man trennte ihn ab, damit der Vampir den Lebenden keinen Schaden zufügen konnte). Die Untersuchung des Skeletts ergab, dass der Mann hinkte und mehr Zähne hatte als gewöhnlich. In einem anderen Grab, das bei Pińczów gefunden wurde, befand sich die Leiche eines Mannes mit Buckel.

Der Glaube an Vampire war in manchen Regionen sehr stark. Archäolog:innen beschäftigen sich nicht selten mit Gräbern von vampirverdächtigen Personen, die »aus Sicherheitsgründen« in einer ungewöhnlichen Position (zum Beispiel auf dem Bauch), mit fehlenden oder mit einem Pflock durchbohrten Kopf begraben wurden. Manchmal verwendete man auch scharfe Gegenstände: Dornen, die Zinken einer Egge, Eisenspitzen, Pfeilspitzen oder Nägel. »Vampire« wurden auch mit Felsbrocken erschlagen oder verbrannt, damit sie ihr Grab nicht verlassen konnten.

Eine andere, in Südeuropa beliebte Abwehrmethode gegen die Blutsauger war, den Toten eine Handvoll Erde, Steine oder Ziegel in den Mund zu stecken. Man glaubte, dass ein Vampir, der nicht beißen konnte, verhungern würde.

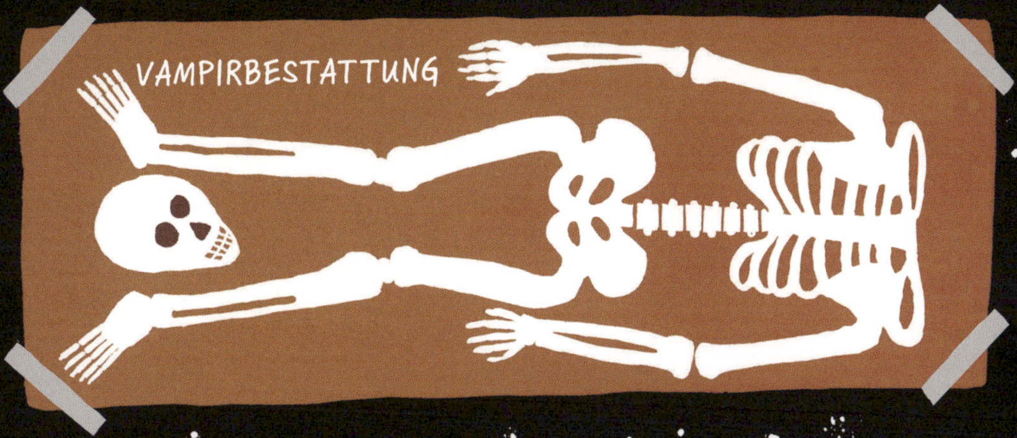

WAS WIR NOCH NICHT WISSEN: DIE ZUKUNFT DER ARCHÄOLOGIE

(VIELLEICHT LÖST DU JA DIESE RÄTSEL?)

WO IST DER FRIEDHOF VON TROJA?

Obwohl Troja die berühmteste antike Stadt ist, war sie nicht groß. Die Zitadelle (der von dicken Mauern umgebene Teil) war von der sogenannten Unterstadt umgeben, in der Zeit ihrer größten Blüte wurde die Stadt von nicht mehr als 10 000 Menschen bewohnt. Das mag nicht viel sein, aber mehr als 3000 Jahre lang lebten und starben dort Menschen.

Archäolog:innen wissen noch nicht, wo sie in Troja nach einem Friedhof suchen sollen. Sie fanden nur ein paar Gräber. Sie entdeckten auch einen kleinen Friedhof auf dem Gipfel an der Küste, der heute Beşik Tepe heißt, wenige Kilometer von Troja entfernt. Der ist aber nicht groß genug. Wo sind also all die Toten? Vor etwa zehn Jahren wurde das gesamte Stadtgebiet per Geomagnetik abgesucht: So konnten die Forscher:innen »sehen«, was sich unter der Erde verbarg, ohne zu graben. Und obwohl sie viele faszinierende Dinge entdeckten, fanden sie keinen Friedhof.

Die Archäolog:innen fragten sich daher, ob die Trojaner ihre Toten vielleicht auf eine bestimmte Weise bestatteten, die keine Spuren hinterließ. In der Antike war die Küste in der Nähe der Stadt (viel näher als heute), also warf man die Körper vielleicht einfach ins Wasser? Oder wurden die Toten wie die Anhänger des Zoroastrismus in offene Türme gelegt, damit die Vögel sie auffressen konnten? Eine Sache ist sicher: Homer erwähnt das in der *Ilias* nicht.

WO IST DAS GRAB ALEXANDERS DES GROSSEN?

Als Alexander der Große in Babylon starb, war er nicht mal 33 Jahre alt und dennoch der mächtigste Herrscher der Welt. Sein Königreich erstreckte sich vom Balkan bis zum Himalaya und von Ägypten bis zum Kaspischen Meer. Am Abend des 30. Mai oder 1. Juni (die Historiker sind sich nicht einig) besuchte Alexander ein Fest. Nachdem er den Wein getrunken hatte, fühlte er sich krank. In den folgenden Tagen verschlechterte sich sein Zustand, das Fieber wurde bald stärker, und Alexander konnte das Bett nicht mehr verlassen. Er starb am Abend des 10. oder 11. Juni 323 v. Chr.

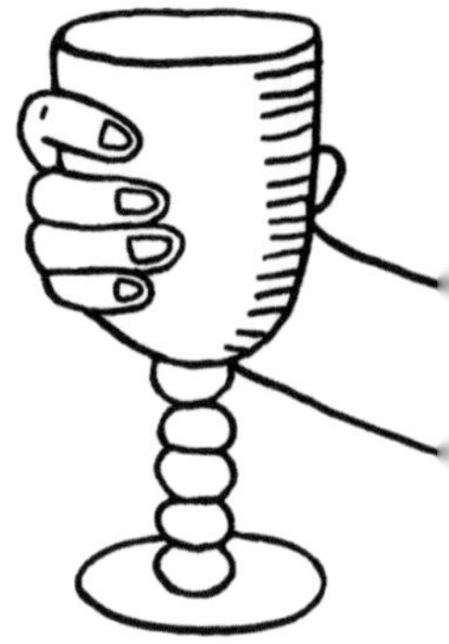

Alexanders Tod markierte das Ende des Reiches. Viele Herrscher kämpften um seine Nachfolge. Der in Honig konservierte Leichnam des verstorbenen Königs wurde zum Symbol der Macht: Wer den Körper hatte, konnte Anspruch auf die Krone erheben.

Der mazedonische Regent Perdikkas befahl, den Leichnam in die Heimat des Königs zu bringen und in Aigai (heute Vergina) in Mazedonien zu begraben. Der Leichenwagen wurde von 64 Maultieren gezogen, das Gefolge bestand aus hochrangigen Offizieren. Der neue König von Ägypten, Ptolemaius IV., fuhr der Prozession entgegen, holte sich die Leiche und brachte sie zurück nach Ägypten.

Die meisten Chronisten behaupten, dass der Leichnam des Königs in Alexandria in Ägypten beigesetzt wurde. In der Antike wurde Alexanders Grab von Herrschern, wichtigen Persönlichkeiten und gewöhnlichen Pilgern besucht. Anscheinend ruhte die Leiche erst in einem goldenen Sarkophag, bis Ptolemaios IX. im 1. Jahrhundert v. Chr. befahl, das Gold einzuschmelzen und die Überreste in einen gläsernen Sarg zu legen. Im Jahr 45 v. Chr. besuchte Julius Caesar das Grab Alexanders, 31 v. Chr. nach der siegreichen Schlacht von Actium auch der erste römische Kaiser Augustus. Der Legende nach verlor der Kaiser, als er sich bückte, um den konservierten Leichnam zu küssen, das Gleichgewicht und brach dem Mazedonier die Nase ab. Der Letzte, der das Grab besuchte, war der verrückte Kaiser Caracalla, der sich selbst für die Wiedergeburt Alexanders hielt.

Während der Regierungszeit von Kaiser Theodosius im 4. Jahrhundert n. Chr. wurde das Christentum zur Staatsreligion. Alle heidnischen Kulte wurden ausgerottet. Es könnte sein, dass Alexanders Ruhestätte und Körper damals zerstört wurden. An der Stelle des Grabes errichtete man eine Kirche, die 640 nach der Eroberung Alexandrias durch die Araber in eine Moschee umgebaut wurde.

Jahrzehntelang durchsuchten Wissenschaftler:innen die Katakomben unter der Moschee El Nabi Daniel in der Hoffnung, Alexander zu finden. 1850 soll der Übersetzer des russischen Konsulats in Alexandria, Ambrosios Schilizzi, die Leiche mit der königlichen Tiara entdeckt haben, aber niemand außer ihm sah diesen sensationellen Fund.

Es ist auch möglich, dass Alexander gar nicht in der nach ihm benannten Stadt begraben liegt. Der Herrscher selbst wollte in der Oase Siwa bestattet werden. Dort befand sich in der Antike das berühmte Orakel von Zeus-Ammon. In den 1990er Jahren wurde die Oase von der Griechin Liana Soulvatzi erforscht. Sie entdeckte die Überreste eines Gebäudes, das mit Skulpturen von Löwen und Schlangen und Inschriften geschmückt war – es war jedoch mehrere Hundert Jahre nach Alexanders Tod entstanden.

Die Suche nach Alexanders Grab beschränkt sich nicht auf Ägypten. Manche glauben, es liegt in Venedig, in Asien, an der Seidenstraße oder in … den Vereinigten Staaten. Die Einwohner:innen von Illinois behaupten, dass Alexander dort in einer der tiefen Höhlen begraben sei.

Der Entdecker des Grabes von Tutanchamun, Howard Carter, behauptete, die geheime Grabstätte des mazedonischen Königs zu kennen. Er wollte aber nicht verraten, wo sie war, und wiederholte: »Das Geheimnis wird mit mir sterben.«

WAR KLEOPATRA DIE SCHÖNSTE FRAU DER ANTIKE?

Kleopatra VII. Philopator (der zweite Name bedeutet »Vaterliebende«) war die letzte Pharaoin Ägyptens. Sie galt in der Antike auch als die schönste Frau der Welt. Angeblich pflegte sie ihr Aussehen, indem sie in Eselsmilch badete.

Sie war auch eine gute Politikerin. Es gelang ihr, zwei wichtige römische Staatsmänner zu beeinflussen. Im Herbst 48 v. Chr. kam Julius Caesar nach Ägypten und verfolgte seinen politischen Gegner Pompeius. Ägypten war damals kurz davor, seine Unabhängigkeit zu verlieren und sich in eine römische Provinz zu verwandeln, also konnte Kleopatra nicht zögern. Wie der griechische Historiker Plutarch schreibt, ließ sich die Herrscherin in einen Teppich wickeln und an den Wachen vorbei direkt zu Caesar tragen. Sie verzauberte ihn so sehr, dass der seine Pläne aufgab, Ägypten dem Römischen Reich einzuverleiben. Stattdessen unterstützte er Kleopatras Anspruch auf den ägyptischen Thron.

Nachdem Caesar 44 v. Chr. in Rom erstochen wurde, musste Kleopatra ein zweites Mal um die Krone Ägyptens kämpfen. Im Jahr 42 v. Chr. rief Marcus Antonius, einer der Herrscher über den Osten des Römischen Reichs, die Pharaonin zu sich. Dann aber besuchte er Kleopatra einen ganzen Winter lang, und im Sommer brachte sie Zwillinge zur Welt. Als Marcus Antonius vier Jahre später zurückkam, blieb er für immer in Alexandria. Obwohl er eine Ehefrau in Rom hatte, heiratete er Kleopatra. Die beiden hatten einen weiteren Sohn: Ptolemaios Philadelphus.

Empörte Landsleute beschuldigten Antonius, sich nicht mehr wie ein Römer, sondern wie ein Ägypter zu benehmen. 31 v. Chr. besiegte der Herrscher des Westens des Römischen Reichs, Octavian (der zukünftige Kaiser Augustus) Antonius, bei der Seeschlacht von Actium. Das war der Untergang von Antonius und Kleopatra. Octavian übernahm Ägypten, und diesmal gelang es der Königin nicht, den römischen Eindringling zu beeinflussen.

Wir kennen die späteren Ereignisse nur aus der Beschreibung von Plutarch – und wissen nicht, ob sie zuverlässig ist: Von Augustus unter Hausarrest gestellt, befahl Kleopatra, eine Giftschlange in einen Korb mit Feigen zu schmuggeln, deren Biss sie und ihre beiden Dienstmädchen tötete. Marcus Antonius stürzte sich in sein Schwert.

Was wissen wir noch über Kleopatra? Plutarch schreibt, dass sie charmant war, sehr gut Gespräche führen konnte und eine schöne Stimme hatte. Sie war berühmt für ihre Intelligenz, Schnelligkeit und ihren Witz. Es ist bekannt, dass sie mit Antonius darauf gewettet hatte, dass sie die unglaubliche Summe von zehn Millionen Sesterzen für ein Fest ausgeben könne. In der Nacht des Festes begrüßte Kleopatra den Herrscher mit einer bescheidenen und einfachen Mahlzeit, gekrönt von einer Tasse Weinessig. Vor dem erstaunten Antonius nahm die Königin eine unbezahlbare Perle aus ihrer Halskette, löste sie im Essig auf und trank sie.

Die erhaltenen Bildnisse der ägyptischen Pharaonin mögen nach heutigen Maßstäben keine außergewöhnlich hübsche Person zeigen, aber Marcus Antonius war auf seinen Bildnissen – mit hervorquellenden Augen und Stiernacken – auch nicht besonders schön. Jede Epoche hatte ihre eigenen Schönheitsideale sowie künstlerische Vorgaben, wichtige Persönlichkeiten darzustellen.

Archäolog:innen könnten herausfinden, wie Kleopatra wirklich ausgesehen hat, wenn sie das Grab mit ihrem Schädel fänden. Laut Plutarch äußerte die Königin den Wunsch, dass ihr Körper neben Marcus Antonius begraben werde. Wo, hat er leider nicht aufgeschrieben.

Schön oder nicht – egal! Das Wichtigste ist, dass Kleopatra eine kluge und weise Herrscherin war. Als erstes Mitglied der ptolemäischen Dynastie, die von einem der Generäle Alexanders des Großen abstammte und deshalb Griechisch sprach, beherrschte Kleopatra die ägyptische Sprache. Beim Volk war sie so beliebt, dass sie als irdische Gestalt der Göttin Isis verehrt wurde. In der Politik bemühte sie sich, die Unabhängigkeit Ägyptens durch den Handel mit Arabien und Indien zu stärken. Die Verbindungen zu Caesar und Antonius erscheinen uns vielleicht romantisch, aber Kleopatra verlor nie ihr wichtigstes Ziel aus den Augen: Ägypten vor der Einnahme durch Rom zu bewahren.

WAS SCHRIEB MAN IN DER LINEARSCHRIFT A?

Wir wissen es nicht ... und werden es auch nicht so bald herausfinden. Die mysteriösen Zeichen wurden während der sogenannten Zeit der alten Paläste und Zeit der neuen Paläste auf Kreta verwendet, ungefähr von 1900 bis 1450 v. Chr. Archäolog:innen haben viele Tontafeln mit den Zeichen gefunden, die als Linearschrift A bezeichnet wurde, aber sie können den Inhalt der Texte bis heute nicht entziffern.

Die Linearschrift A ist der später verwendeten Linearschrift B ziemlich ähnlich. Letztere wurde verwendet, um frühes Griechisch zu schreiben, und Linear A ... man weiß es nicht!

In Linear B wurden hauptsächlich Verwaltungstexte erstellt. Dank der Tontafeln können wir die Wirtschaft der mykenischen Paläste recht gut nachbilden, aber wir wissen nichts über die damalige Poesie und Literatur (falls sie überhaupt aufgeschrieben und nicht ausschließlich mündlich überliefert wurde). Linear A hingegen bleibt vorerst ein sprachliches Rätsel.

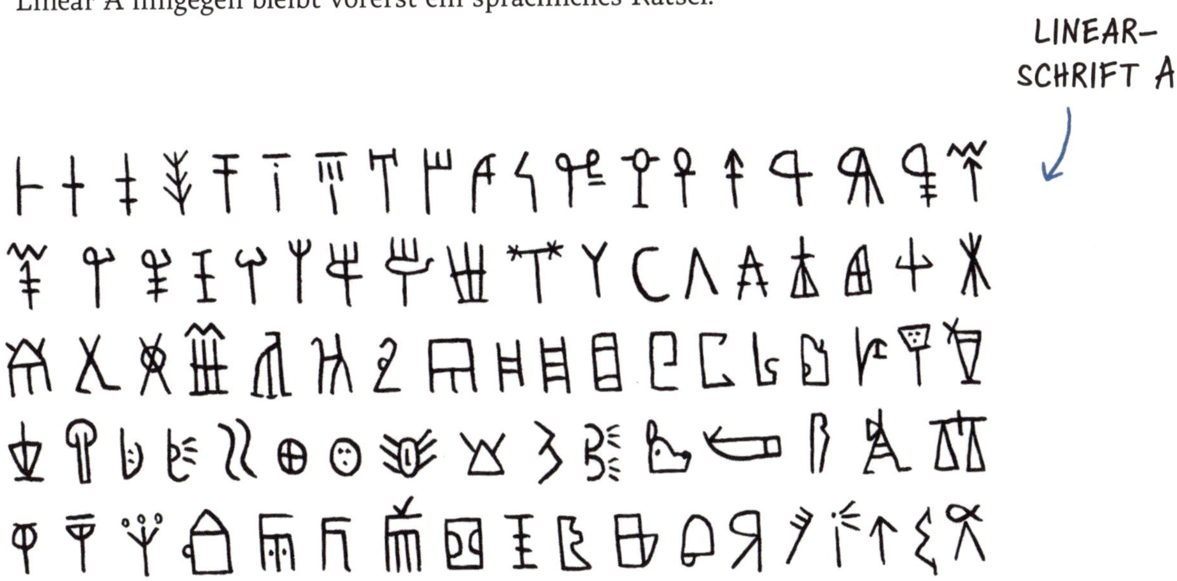

WER ERSCHUF DEN GREAT SERPENT MOUND IN OHIO?

Im US-Bundesstaat Ohio gibt es einen Hügel, der aussieht wie eine Schlange mit eingeringeltem Schwanz, die ein Ei verschlingt. Er ist weniger als anderthalb Meter hoch, aber fast einen halben Kilometer lang. Wissenschaftler:innen versuchen seit Jahren, das Geheimnis seines Ursprungs und seiner Bedeutung zu lüften. Und wenn Archäolog:innen keine von Menschenhand geschaffenen Gegenstände finden, ist es schwierig, das Alter eines Ortes zu bestimmen – vor allem, wenn für den Bau nur Felsbrocken und Erde verwendet wurden.

In der Nähe des Schlangenhügels befinden sich die Gräber von Menschen aus zwei archäologischen Kulturen: der sogenannten Adena-Kultur, die im Osten der heutigen Vereinigten Staaten von etwa 800 v. Chr. bis zum 1. Jahrhundert n. Chr. lebte, sowie der Kultur Fort Ancient, die von etwa 1000 bis 1750 n. Chr.

bestand. 1991 entnahmen Archäolog:innen Holzkohleproben aus dem Hügel, um sie mit der Radiokarbonmethode zu untersuchen. Dabei stellten sie fest, dass der Hügel ungefähr 900 Jahre alt ist und vermutlich von Menschen der Kultur Fort Ancient erbaut wurde.

Aber wofür? Dazu gibt es eine faszinierende Theorie. 1054 explodierte eine Supernova, deren Überbleibsel heute der Krebsnebel ist. Das blendende Licht der Explosion muss etwa zwei Wochen lang auch bei Tag sichtbar gewesen sein. Im Jahr 1066 erschien der Halleysche Komet am Himmel. Archäolog:innen spekulieren, dass die Menschen in Nordamerika mit dem Bau des Schlangenhügels an diese erstaunlichen (und wahrscheinlich erschreckenden) astronomischen Phänomene erinnern wollten.

WAS WOLLEN ARCHÄOLOG:INNEN ÜBER DIE MENSCHEN DER VERGANGENHEIT ERFAHREN

(UND WIE KOMMT MAN AN DIE INFOS?)

Du weißt bereits, dass Archäolog:innen in erster Linie nach Informationen suchen, um die Frage zu beantworten, wie die Menschen früher gelebt haben. Dazu bedienen sie sich nicht nur verschiedener Forschungsmethoden, sondern holen sich auch die Hilfe von Kolleg:innen anderer Fachrichtungen – zum Beispiel aus der Physikalischen Anthropologie oder der Palynologie (Erforschung von Pollen und Pflanzensporen).

WIE SAH DER ORT AUS, AN DEM SIE LEBTEN?

Die Welt verändert sich. Wo einst ein dichter Wald wuchs, ist heute Ackerland (das Gegenteil gibt es auch, wenn auch selten). Seen trocknen aus, Flüsse ändern ihren Lauf, und auch die Küstenlinie am Meer verändert sich. Wie geht man damit um?

Keine Sorge, selbst aus den unscheinbarsten Funden lassen sich wertvolle Informationen über das Leben der Menschen gewinnen. John Flenley, ein britischer Palynologe untersuchte Proben von der Osterinsel, dem abgeschiedensten bewohnten Fleck der Erde. Die Teilchen stammten aus Vulkankratern und waren so klein, dass man sie nur unter dem Mikroskop sehen konnte. Die Forscher:innen wissen durch die Untersuchung, dass die Insel einst ganz anders aussah. Heute wachsen dort keine Bäume mehr, aber um 400 n. Chr. war sie mit großen Palmen bewachsen. Sie wurden von Anwohnern abgeholzt, die Holzschlitten und Rampen brauchten, um ihre riesigen Statuen zu transportieren.

Die Abholzung der Insel hatte viele Auswirkungen. Um 1680 hörte man auf, Statuen zu schaffen, weil man ohne Holz kein Material mehr aus den Steinbrüchen holen konnte. Die Bewohner konnten auch keine Boote mehr bauen, also konnten sie nicht fischen gehen, wodurch die Hauptquelle für Protein (ein wichtiger Baustein für Muskeln) in ihrer Ernährung wegfiel. Der Mangel an Bäumen führte zur Abtragung des Bodens, sodass die Feldfrüchte nicht mehr so üppig wuchsen wie zuvor. Die Menschen auf der Osterinsel begannen zu hungern und führten Kriege untereinander.

All diese Schlussfolgerungen stammen allein aus der Untersuchung von Pollen!

WAS HABEN SIE GEGESSEN?

Die Archäolog:innen haben viele Möglichkeiten herauszufinden, was die Menschen früher aßen.

Überreste von Pflanzen und Tieren finden sich vor allem auf Müllplätzen, in der Nähe von Feuerstellen (auch früher hat nicht jeder nach dem Essen aufgeräumt ...) und in Toiletten. Die Untersuchung von Körperausscheidungen liefert wertvolle Informationen, nicht nur über Lebensmittel. Sie sagt auch viel über die Krankheiten unserer Vorfahren aus.

Die Untersuchung von Tierknochen an archäologischen Stätten wird von Archäozoolog:innen durchgeführt, die beispielsweise herausfinden können, wann eine bestimmte Tierart domestiziert wurde. Archäozoolog:innen ist es zu verdanken, dass wir wissen, warum die Philister, die 1000 v. Chr. ins Gebiet des späteren Palästina kamen, keine Schafe oder Ziegen züchteten (damals die beliebtesten Tiere im Nahen Osten). Sowohl Ziegen als auch Schafe benötigen ausgedehntes Weideland, aber die Philister hatten ursprünglich nur fünf Siedlungen, die von feindlichen Stämmen umgeben waren. Sie entschieden sich also für Schweine, da die mit im Haus leben können und das Gleiche essen wie Menschen.

Archäolog:innen untersuchen unter dem Mikroskop und im Labor auch Überreste von Kochutensilien. Über Jahrtausende bestanden Gefäße hauptsächlich aus porösem Ton. In den Bruchstücken blieben organische Stoffe zurück. Natürlich hat sich ihre chemische Zusammensetzung nach so vielen Jahren verändert, aber man kann trotzdem herausfinden, ob in einem Topf Wildgulasch gekocht wurde.

Darüber, was die Menschen in der Vergangenheit gegessen haben, kann man auch viel erfahren, indem man Skelette studiert. Vor allem die Zähne, die erstaunlich langlebig sind. Beim Beißen bilden sich auf ihnen Spuren, die Archäolog:innen unter dem Mikroskop betrachten. Wenn jemand hauptsächlich Fleisch isst, sieht man lange vertikale Rillen auf den Seitenflächen der Zähne. Bei Vegetarier:innen sind die Rillen kürzer und verlaufen in alle Richtungen. Durch die Analyse der Kohlenstoffverbindungen können wir sogar feststellen, ob die Person mehr Fleisch von Meeres- oder von Landlebewesen gegessen hat!

WIE STELLTEN SIE GEGENSTÄNDE HER?

Früher machten die Menschen die meisten Dinge, die sie zum Leben brauchten, selbst. Oder sie gingen zu einem Handwerker, etwa einem Schreiner oder einem Töpfer. Archäolog:innen untersuchen die Überreste antiker Handwerksbetriebe und die hergestellten Gegenstände. Im Labor können sie beispielsweise ein antikes Schwert analysieren und herausfinden, aus welchen Metallen es gegossen wurde. Die Mikrospuren auf der Oberfläche eines Messers aus Feuerstein zeigen, wie die Klinge gehauen wurde. Und durch die Analyse der Malereien aus der berühmten Höhle von Lascaux im heutigen Frankreich wissen wir, wie prähistorische Menschen Farben herstellten, die Jahrtausende überdauerten.

Was Archäolog:innen im Labor lernen, erproben sie oft in der Praxis. Sie können Werkzeuge aus Feuerstein machen, Dinge aus Bronze oder Eisen gießen, Leinenstoffe weben und Gefäße töpfern und brennen.

FELSBILDER AUS DER HÖHLE VON LASCAUX

MIT WEM KOMMUNIZIERTEN SIE?

Erst durch Eisenbahnen, Flugzeuge und Autos ist die Welt überschaubar geworden, aber auch unsere Vorfahren reisten schon. Einige brachten wertvolle Gegenstände aus Übersee mit und verkauften sie, andere entdeckten neue Länder. Bereits Pharao Sahure organisierte fast 2500 Jahre v. Chr. eine Expedition nach Punt, ein Land südlich von Ägypten. Punt war berühmt für Gold, daher ist es kein Wunder, dass der Pharao eine lange und gefährliche Reise riskierte (obwohl natürlich die von ihm losgeschickten Untertanen das Risiko eingingen).

Archäolog:innen interessieren sich sehr für die ältesten Kontakte zwischen fernen Regionen. Es ist jedoch schwierig, etwas so Flüchtiges wie eine Reise zu untersuchen.

Also suchen die Wissenschaftler:innen nach Objekten, die sonst nicht an bestimmten Ausgrabungsstätten zu finden sind. Wenn in einer Stadt graue Keramik hergestellt wurde, die Ausgrabungen aber sandfarbene Scherben zutage

fördern, die mit Mustern bemalt sind, können wir fast sicher sein, dass sie aus einer anderen Region stammen. So auch in Troja, mehr als 2000 Kilometer von Ägypten entfernt, wo Scherben ägyptischer Amphoren gefunden wurden. Wie kamen die Gefäße dorthin? Stammen sie von einem Kaufmann, der Öl und Wein in Troja kaufte? Kenterte ein ägyptisches Schiff an der trojanischen Küste, und die Einwohner:innen der Stadt sammelten die angespülten Waren ein? Oder heiratete eine Ägypterin einen Trojaner und brachte als Mitgift die Amphoren mit?

Belege für eine Ehe, die Mitte des zweiten Jahrtausends v. Chr. zwischen Menschen aus zwei verschiedenen Ländern geschlossen wurde, entdeckten Archäolog:innen in dem ägyptischen Palast Tell El-Dab'a. An den Wänden der Kammern fanden sich Fresken, die denen auf Kreta sehr ähnlich waren. Die Forscher:innen vermuten, dass eine minoische Prinzessin einen ägyptischen Prinzen heiratete. Um sich an dem neuen Ort nicht fremd zu fühlen, befahl sie Künstlern, die Wände des Palastes so zu verzieren, wie sie es von zu Hause kannte.

EBENHOLZ

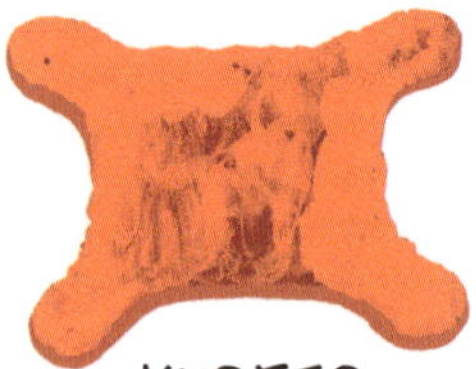

KUPFER

GLASBROCKEN

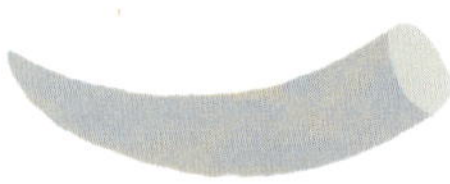

STOSSZAHN EINES ELEFANTEN

STRAUSSENEI

AMPHORE

In der Bronzezeit, als die meisten Werkzeuge und Waffen aus einer Kupfer-Zinn-Legierung bestanden, war der Metallhandel weit verbreitet. Unterwasserarchäolog:innen entdeckten vor der Küste der heutigen Türkei zwei Schiffe: Eins sank unweit des Kap Gelidonya und das andere bei Uluburun. Auf beiden wurden Hunderte Kupferbarren gefunden. Dank der hochmodernen Metallanalyse des Forscherehepaars Zofia Stos-Gale und Noel Gale aus Oxford, wissen wir heute, dass das meiste Metall aus Zypern stammte.

Das Schiff, das in der Nähe von Uluburun entdeckt wurde, hatte auch viele andere Waren an Bord: Zinn (zur Herstellung von Bronze), Amphoren aus der Levante (in einigen lagen Olivensteine!), das dunkle, harte Ebenholz aus den Ländern südlich von Ägypten; aber auch baltischer Bernstein, Straußeneier, Siegel aus dem Nahen Osten und blaues Glas, das seine Farbe auch nach Jahrtausenden im Meerwasser nicht verloren hatte. Vor dem Untergang war das Schiff offenbar an der Küste des östlichen Mittelmeers entlanggefahren.

WIE SAHEN SIE AUS?

In der ersten Hälfte des 20. Jahrhunderts entwickelte der sowjetische Anthropologe Michail Gerassimow eine Methode, Gesichtszüge aus einem Schädel zu rekonstruieren. Gar nicht einfach, weil es etwa 70 Gesichtsmuskeln gibt, die im archäologischen Material fast nie erhalten, aber entscheidend für unser Aussehen sind. Die Forscher:innen müssen diese Muskeln, die aus Plastilin hergestellt oder mit einem Computerprogramm rekonstruiert werden, an der Gesichtspartie des Schädels »befestigen«, alles mit Haut überziehen und Augäpfel und Haare hinzufügen. Man sagt, dass die Ohren und der Mund am schwierigsten nachzubilden sind, weil Erstere nicht aus Knochen bestehen und weil der Mund der Bereich ist, in dem sich die meisten Muskeln befinden.

Spezialist:innen, die sich mit der physikalischen Anthropologie und (unter anderem) mit menschlichen Knochen beschäftigen, können viele Schlussfolgerungen aus dem Skelett ziehen. Sie können feststellen, ob die verstorbene Person eine Frau oder ein Mann war (das verrät die Form der Beckenknochen), wie groß sie war (dazu werden die längsten Knochen des Körpers gemessen), wie alt sie zum Zeitpunkt des Todes war (je älter jemand ist, desto stärker sind seine Schädelnähte verknöchert) und ob sie jemals Kinder geboren hat (das zeigt die Form der Beckenknochen). Die Untersuchung der Wirbelsäule zeigt auch, ob jemand hart arbeiten musste. Die ersten Bauern, die mit dem Jagen und Sammeln aufhörten und stattdessen Felder bepflanzten und Tiere hielten, haben schwer beschädigte Wirbel!

Spuren an den Knochen weisen auch darauf hin, ob jemand im Kampf gestorben ist. Manchmal erkennt man sogar die Waffe, mit der er verwundet wurde. Auch einige Krankheiten, wie Tuberkulose, lassen sich ablesen.

Natürlich finden sich auch Spuren von Operationen an den Skeletten: Der älteste nachgewiesene Eingriff war das Bohren eines Lochs in den Schädel. Vermutlich versuchte man auf diese Weise, Kopf- und Hirnverletzungen zu heilen. Die sogenannte Trepanation wurde seit Tausenden von Jahren in Europa, Amerika, Afrika, Polynesien und im Fernen Osten praktiziert. Forscher:innen sind immer wieder erstaunt, wie viele Menschen diesen Eingriff überlebten: Ihre Schädel weisen Anzeichen auf, dass das Loch wieder zuwuchs.

Die Wissenschaftler:innen untersuchen jedoch nicht nur das Skelett. Manchmal gelingt es ihnen, aus den Knochen genetisches Material zu isolieren. Die DNA verrät uns viel über die Verwandtschaft zwischen den Verstorbenen und anderen Menschen, über die Farbe ihrer Haare und Augen.

Ägyptische Mumien können dank Computertomographie und Röntgen auch in ihren Binden untersucht werden. So fand man auch heraus, dass Pharao Ramses II. über 90 Jahre alt wurde (obwohl die meisten damals schon mit 40 starben!). Ebenso wurde das Rätsel um den Tod von Tutanchamun gelöst, dessen berühmtes Grab voller Gold im Tal der Könige gefunden wurde. Tutanchamun starb,

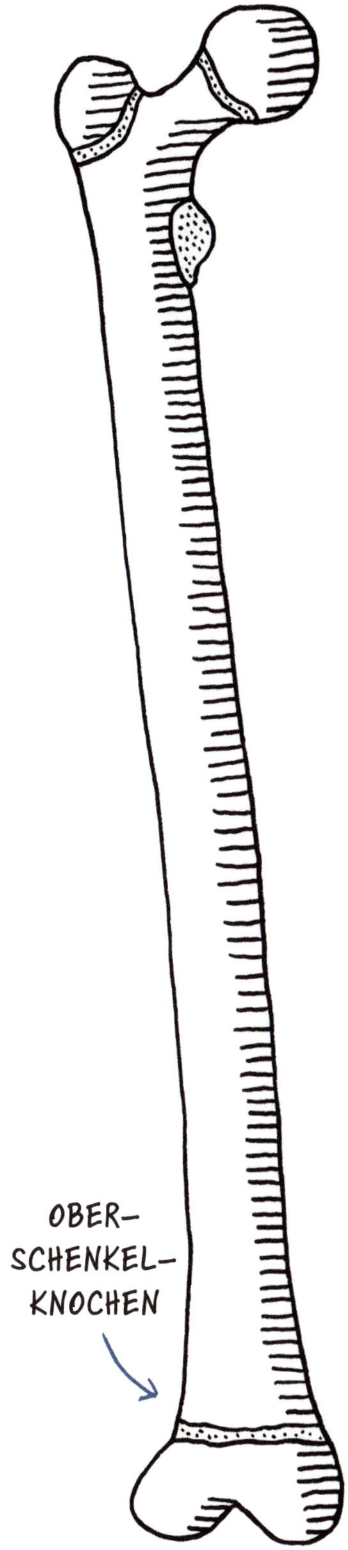

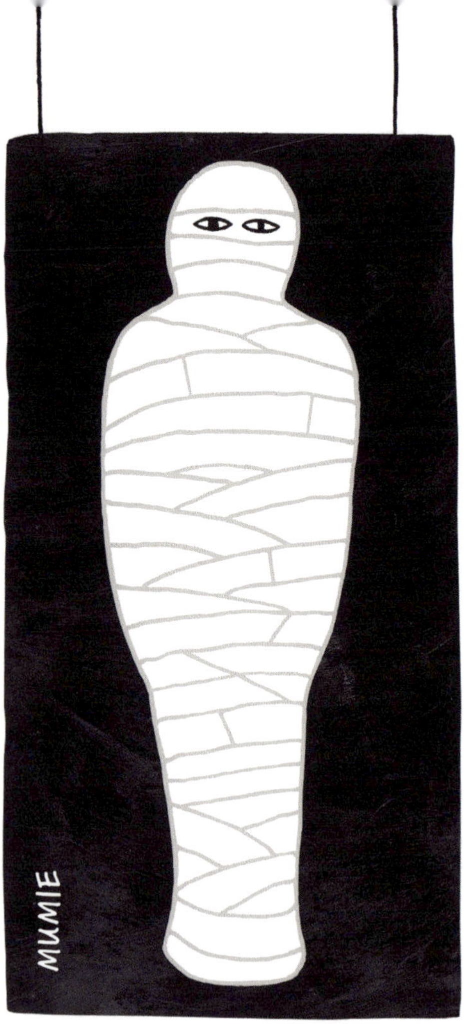

wie du dich erinnerst, im Alter von 19 Jahren. Lange glaubte man, er sei ermordet worden, weil man ein großes Loch in seinem Schädel fand. Untersuchungen haben jedoch gezeigt, dass diese Öffnung nach dem Tod des Königs entstand, wahrscheinlich während der Einbalsamierung. Der Pharao starb wahrscheinlich an den Folgen eines Unfalls mit dem Streitwagen.

Auch Skulpturen, Zeichnungen und Gemälde liefern Wissen über das Aussehen unserer Vorfahren. Das Problem ist, dass wir uns manchmal nicht sicher sind, ob der Künstler eine Person treu nachgemalt oder ob er nur seine eigene Fantasie verewigt hat. Wir haben keine Ahnung, ob die Hethiter, die Bewohner des alten Anatoliens, wirklich so hässlich waren, wie sie auf den Reliefs in ihren Palästen dargestellt sind, und die Menschen auf Kreta so schön, wie es die Gemälde von Knossos vermuten lassen.

WIE KLEIDETEN SIE SICH?

Kleidung ist für Archäolog:innen ein Problem. Stoffe und Leder zersetzen sich mit der Zeit. Manchmal bleibt sie trotzdem gut erhalten, so auch die Gewänder von Inkakindern, deren Körper auf dem Vulkan Llullaillaco an der Grenze zwischen Argentinien und Chile gefunden wurden. Dasselbe gilt für die Kleidung einiger Menschen aus der Bronzezeit, die von Torfarbeitern aus Bjaeldskovdal in den dänischen Sümpfen gefunden wurden.

Zusätzlich bekommen wir durch Skulpturen und Gemälde eine Vorstellung von der Mode der Vergangenheit. Auch von den Grabstelen erfahren wir, was die alten Griechen oder Römer im Alltag trugen.

WIE LEBTEN SIE?

Wie heute auch, ganz unterschiedlich: die einen in prächtigen Palästen, die anderen in Hütten. Obwohl die Paläste groß und die Räume oft kompliziert angeordnet sind, lassen sie sich leicht ausgraben, da sie aus haltbaren Materialien wie Ziegeln und Steinen gebaut wurden. Problematischer ist es bei den Hütten paläolithischer Jäger. Sie wurden aus Holz, Gras und manchmal Tierhäuten hergestellt, sodass nach Jahrhunderten nichts mehr von ihnen übrig ist. Archäolog:innen suchen ständig nach Hinweisen auf menschliche Behausungen vergangener Zeiten: zum Beispiel die Löcher von Pfosten, die das Dach einer Hütte trugen.

Ein weiteres Problem mit Gebäuden ist, dass sich an ihrer Stelle neue Siedlungen bildeten. Archäolog:innen suchen eher nach Siedlungen, die später nicht mehr von Menschen bewohnt wurden. Eine davon ist das von einem Erdbeben zerstörte Chalasmenos, ein am Ende der Bronzezeit gegründetes Dorf im Osten Kretas. Weil es auf einem Hügel lag, konnten die Bewohner das Meer und damit auch herannahende Piraten sehen. Unter den eingestürzten Häuserwänden wurden Alltagsgegenstände gefunden, aber keine Skelette. Den Menschen gelang es offenbar, der Katastrophe zu entkommen, sie nahmen sogar ihre Tiere mit.

Als faszinierendes Beispiel einer von Archäolog:innen ausgegrabenen Siedlung ist dir auch Çatalhöyük in der heutigen Türkei bekannt, eine der ersten Siedlungen der Geschichte, in der die Bewohner dauerhaft lebten. Sie wurde zwischen 7400 und 7300 v. Chr. erbaut und von mindestens 5000 Menschen bewohnt.

Die Häuser im überfüllten Çatalhöyük waren eng aneinandergebaut, sie hatten keine Türen, ihr Inneres war über eine Leiter durch eine Öffnung im Dach zugänglich. Interessanterweise fanden Archäolog:innen heraus, dass die Siedlung auch ein Friedhof war. Die Toten wurden unter dem Fußboden begraben. Die Bewohner dieser ältesten Stadt hatten keine Angst vor Geistern.

Hättest du gedacht, dass auch die Analyse von Zähnen verrät, ob jemand sein ganzes Leben am selben Ort gelebt hat oder umgezogen ist? Das liegt daran, dass sich der Zahnschmelz in Schichten ablagert. Die chemische Zusammensetzung dieser Schichten hängt von dem Wasser ab, das wir trinken, und das Wasser hat in den verschiedenen Ländern unterschiedliche Mineralgehalte.

WAS DACHTEN SIE?

Das herauszufinden, ist am schwierigsten. Wenn wir an die Vergangenheit denken, übertragen wir unsere eigenen Gedanken, Werte und Überzeugungen auf die früheren Menschen.

Sind die Kreaturen, die an den Wänden paläolithischer Höhlen in Frankreich und Spanien abgebildet sind, gejagte Tiere? Oder die damaligen Götter?

Wer war die *Venus von Willendorf*, die Statue einer dicken Frau, die im heutigen Österreich gefunden wurde? Wurde sie verehrt? War sie ein Spielzeug für ein Kind? Oder nur die Fantasie eines Bildhauers?

OSTRAKON

Kein Wunder, dass Archäolog:innen diese Fragen nicht immer beantworten wollen oder können. Sie sind nicht so leicht zu untersuchen wie Steine oder Scherben.

Um sie zu beantworten, sind schriftliche Quellen notwendig: Chroniken von Herrschern, Edikte, Inschriften an Gebäuden oder auf Gräbern, aber auch Ostraka (Tonscherben oder Muscheln, in die die Einwohner Athens bei sogenannten Scherbengerichten die Namen von Politikern schnitzten, die sie nicht mochten). Es gibt noch viele Lücken in unserem Verständnis der Vergangenheit, aber auch Funde, die keine großen Zweifel lassen. Wenn wir auf einer Athener Grabstele eine Verstorbene sehen, die von einer Dienerin ein Kind übergeben bekommt, wissen wir, dass diese Frau das Kind hinterlassen hat. Wenn Archäolog:innen Blütenpollen in einem 16 000 Jahre alten Grab finden, vermuten sie, dass jemand Blumen gesammelt hat, um die verstorbene Person zu betrauern. Manchmal eröffnen sich den Forscher:innen so »Fenster«, durch die sie in die Seelen der Menschen vergangener Zeiten blicken können.

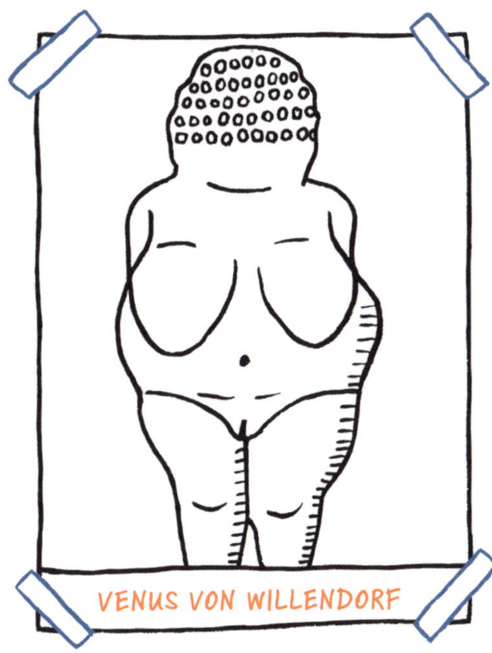

VENUS VON WILLENDORF

ARCHÄOLOGIE IM MUSEUM

So, die Ausgrabung ist vorbei. Was ist nun mit all den Gegenständen, die ausgegraben wurden? Mehr als 90% landen im Depot der archäologischen Stätten oder Museen (also meistens im Keller). Die schönsten und wertvollsten Stücke werden in Dauer- und Wechselausstellungen der Öffentlichkeit gezeigt.

Heutzutage dürfen die Fundstücke nicht mehr ins Ausland gebracht werden, aber früher war das anders. Viele Archäolog:innen nahmen die gefundenen Schätze mit in ihre Heimatländer. Einige Werke wurden sogar gestohlen: In den ersten Jahren des 19. Jahrhunderts baute Lord Elgin fast alle Skulpturen ab, die den Tempel der Athene schmückten. Die Briten nahmen (unter anderem) auch den Stein von Rosette und den berühmten Diamanten Koh-i-Noor aus Indien mit. Deutschland hat das weltweit schönste Porträt von Königin Nofretete und einen Altar von der Größe eines Hauses (er wurde in Einzelteilen transportiert) aus dem türkischen Pergamon.

Der angebliche »Schatz des Priamos«, der von Heinrich Schliemann in Troja ausgegrabene Goldschmuck, wurde vom Entdecker selbst illegal nach Griechenland, dann nach Deutschland transportiert und 1945 von sowjetischen Soldaten geraubt. Letztendlich landete er im Puschkin-Museum in Moskau. Wie du siehst, erleben archäologische Funde oft spannendere Abenteuer als ihre Entdecker.

Viele Länder fordern inzwischen die Rückgabe ihrer Schätze, und es gibt ebenso viele Befürworter wie Gegner. Letztere argumentieren, dass der Raub die Artefakte oft vor der Zerstörung geschützt hat. Ohne Lord Elgin hätten wir die griechischen Skulpturen wahrscheinlich nie gesehen, weil die Türken sich nicht um sie kümmerten. 1687 errichteten sie, belagert von den Soldaten der Republik Venedig, im Tempel ein Schießpulverdepot, wobei ein großer Teil des Gebäudes versehentlich in die Luft flog. In den letzten Jahren zerstörte der Islamische Staat viele unbezahlbare Kunstwerke im Nahen Osten.

Die Wut der Bewohner:innen von Milos, einer kleinen Kykladeninsel, ist aber auch nachvollziehbar. Sie sind enttäuscht, weil sie statt ihrer berühmten Venus von Milo heute nur eine Kopie aus Gips haben.

SCHNELL HIN!

Falls du denkst, dass ein Museumsbesuch langweilig ist, irrst du dich. Museen sind schon lange keine Hallen voller verstaubter Vitrinen mehr. In vielen gibt es Virtual-Reality-Technik und Spiele. Wusstest du, dass man im Naturhistorischen Museum in Wien mit einem Meteoriten eine ganze Stadt (oder sogar halb Europa) zerstören kann? Museumsobjekte sind unglaublich interessant, auch wenn sie auf den ersten Blick nicht so aussehen. Deshalb erzähle ich euch zum Schluss ein wenig über das Thema.

AKROPOLISMUSEUM ATHEN

Kürzlich beschlossen die Griechen, der Welt zu zeigen, dass sie den perfekten Ort für die Statuen des Parthenon hätten … falls sie diese von den Briten zurückbekämen. Sie bauten ein riesiges Museum am Fuß der Akropolis. Die Elgin-Marmore sind zwar immer noch nicht nach Athen zurückgekehrt, aber es gibt jetzt so viel Platz im Athener Museum, dass viele Monumente aus dem dunklen Depot geholt wurden!

DREI DINGE, DIE DU IM AKROPOLISMUSEUM SEHEN SOLLTEST

1. Geh in die Archaische Gallerie und sieh dir die Koren an, die jungen Frauen aus Stein. Jede ist ein bisschen anders! Auf einigen Skulpturen kann man noch Spuren von Farbe sehen.
2. Besuch den Parthenonsaal im obersten Stockwerk. Dort gibt es einen Nachbau des oberen Teils des Tempels der Athene. Wenn du durch die Glaswand nach draußen schaust, siehst du die Akropolis und den echten Parthenon. Denk daran, dass du nur einen kleinen Teil der Skulpturen siehst. Die meisten befinden sich noch im British Museum.
3. Sieh vom Erdgeschoss nach unten. Vor dem Bau des Museums wurden Ausgrabungen durchgeführt, weil das antike Athen direkt unter dem modernen liegt. Die Forscher:innen haben die Stätte nicht zugeschüttet, sondern große Glasplatten daraufgelegt, sodass du die alten Straßen, Häuser, Badehäuser und sogar Gräber sehen kannst. Sie sind toll!

BRITISH MUSEUM IN LONDON

Es ist das größte archäologische Museum Großbritanniens und eines der größten der Welt. Die Sammlung umfasst über 13 Millionen Objekte. Also keine Sorge, hier findest du sicher etwas Interessantes!

DREI DINGE, DIE DU IM BRITISH MUSEUM SEHEN SOLLTEST

1 Die größte ägyptische Skulptur im Museum: eine Granitstatue von Pharao Ramses II., der im 13. Jahrhunderts v. Chr. regierte. Sein lächelndes Gesicht sieht sehr jung aus. Die Ägypter stellen ihre Herrscher verschönert dar, weil sie glaubten, dass sich der Pharao für alle Ewigkeit alt fühlen würde, wenn er als alter Mann dargestellt wäre.

2 Sieh dir den *Widder im Dickicht* an, den Leonard Woolleys Team auf dem Königsfriedhof in Ur (im heutigen Irak) fand. Diese kaum einen halben Meter große Figur eines Widders (oder vielleicht einer Ziege?), der seine Vorderbeine auf den Ästen eines Baumes abstützt, wurde unter anderem aus Gold, Silber und Lapislazuli hergestellt. Sie ist über 4500 Jahre alt. Als Archäolog:innen sie zum ersten Mal sahen, war sie ganz platt gedrückt. Restaurator:innen arbeiteten hart, damit wir sie heute bewundern können.

3 Geh in den Raum, in dem das Schiffsgrab von Sutton Hoo ausgestellt ist. Es ist größte intakte Grab dieser Art, das in England gefunden wurde, und stammt aus dem 7. Jahrhundert n. Chr. Vielleicht wurde dort ein König begraben, denn die Trauernden gaben sich viel Mühe. Sie schleppten das Schiff an Land, gruben ein tiefes Loch dafür, fällten Bäume, um eine Grabkammer zu bauen, legten Geschenke hinein und schütteten einen Hügel auf. Leider werden wir nie erfahren, wer dort begraben war. Der Boden in Sutton Hoo ist sehr sauer: Das Fleisch und die Knochen zersetzten sich schnell.

KUNSTHISTORISCHES UND NATURHISTORISCHES MUSEUM WIEN

Beide Museen – sie liegen einander gegenüber – wurden im Auftrag von Kaiser Franz Joseph I. erbaut. Er wollte die kaiserliche Sammlung, die im Schloss keinen Platz mehr hatte, dort unterbringen. Diese schönen Gebäude im Stil der italienischen Renaissance sehen zwar altmodisch aus, aber sie beherbergen wirklich moderne Sammlungen!

DREI DINGE, DIE DU IM KUNSTHISTORISCHEN MUSEUM SEHEN SOLLTEST

1 Finde den Kopf von Sesostris III., einem Pharao aus dem 19. Jahrhundert v. Chr. Eigentlich stellten die Ägypter ihre Pharaonen immer so dar, dass sie eine überirdische Ruhe ausstrahlen und keine unangenehmen Gefühle zeigen. Sesostris III. aber sieht bedrückt aus. Schau, wie seine Mundwinkel herabhängen und wie traurig seine Augen sind.

2 Geh in den Raum XXXIV und sieh dir die römischen Büsten an. Dort kannst du sehen, wie Julius Caesar und Augustus aussahen und welche Frisuren die Kaiserinnen trugen.

3 Wirf einen Blick auf die *Gemma Augustea*, ein Flachrelief aus dem Halbedelstein Onyx. Obwohl Edelsteine normalerweise sehr klein sind (genau richtig, um einen Ring oder eine Brosche herzustellen), ist die *Gemma Augustea* groß! Sie misst 19 mal 23 Zentimeter. Im oberen Bildstreifen siehst du unter anderem die Göttin Roma und den Kaiser Augustus (das ist der, über dessen Kopf jemand einen Kranz hält). Der untere Teil zeigt Legionäre, gefangene Barbaren und den Kriegsgott Mars. Dieses Schmuckstück wurde wahrscheinlich zur Feier des Sieges von Tiberius (dem Adoptivsohn und Stellvertreter von Augustus) über die Germanen angefertigt.

DREI DINGE, DIE DU IM NATURHISTORISCHEN MUSEUM SEHEN SOLLTEST

1 Besuch Lucy, die du aus dem Kapitel über die Entdeckung von Donald Johanson und Tom Gray kennst. In Wien gibt es nur eine Kopie des Skeletts der jungen Vertreterin der Art *Australopithecus afarensis* (das »Original« ist in Äthiopien geblieben, wo es gefunden wurde), aber sie ist sehr genau. Außerdem steht neben der Vitrine mit dem Skelett eine rekonstruierte Lucy zusammen mit »Herrn Lucy«, einem männlichen Australopithecus. Sie sehen fast lebendig aus.

2 Sieh dir den Depotfund vom Stollhof an. Das ist eine Sammlung von Ornamenten, die hauptsächlich aus Kupfer bestehen, aber es befinden sich auch zwei Scheiben aus Gold darunter. Sie gehören zu den ältesten Goldobjekten

der Welt! Der Fund vom Stollhof verbrachte über 6000 Jahre im Boden, wahrscheinlich versteckt von seinem Besitzer. Vielleicht fürchtete der Mann Krieg oder Diebstahl? Er muss gedacht haben, dass er bald zurück sein würde, um seine Wertsachen zu holen, aber er kam nicht mehr.

3 Finde die *Venus von Willendorf.* In einem Nebenraum, in einer beleuchteten Vitrine, steht eine einsame Tonfigur. Sie ist klein, nur elf Zentimeter groß, aber weltbekannt. Es ist die paläolithische Statue einer Frau mit üppigen Rundungen, die mindestens 25 000 Jahre alt ist. Die paläolithischen Menschen hatten viel weniger Nahrung als wir. Die meisten waren schlank oder sogar dünn. Vielleicht glaubten unsere Vorfahren, diese dicke Frau sei eine Göttin, und baten sie um ausreichend Nahrung?

PERGAMONMUSEUM BERLIN

Der Ort selbst wird dir gefallen, denn das Pergamonmuseum wurde auf der einzigartigen Museumsinsel errichtet, die auch auf der Liste des UNESCO-Welterbes steht. Nebenan, im Neuen Museum, kannst du die wunderschöne Büste der Königin Nofretete, der Gemahlin von Pharao Echnaton, bestaunen.

DREI DINGE, DIE DU IM PERGAMONMUSEUM SEHEN SOLLTEST

1 Auf keinen Fall darfst du den Pergamonaltar verpassen. Wobei das unmöglich ist, weil das riesige Bauwerk fast einen gesamten Raum einnimmt. An den Wänden befindet sich ein Relief mit prächtigen Skulpturen, das den mythischen Kampf der Götter mit den Giganten darstellt. Auf den Innenseiten des Altars ist die Lebensgeschichte von Telephos zu sehen, dem legendären Gründer der Stadt Pergamon.

Du fragst dich wahrscheinlich, wie dieses gigantische Bauwerk aus der Türkei (dort befinden sich die Ruinen von Pergamon) nach Deutschland transportiert wurde. Der Altar wurde vor Jahrhunderten zerstört, und die Steinblöcke wurden in byzantinischer Zeit zum Bau der Stadtmauern verwendet. Bei Ausgrabungen im 19. Jahrhundert entdeckten Archäolog:innen diese Platten. Es gab damals noch kein Verbot, die Denkmäler zu entfernen, also wurden sie nach Berlin gebracht. Erst im Museum baute man den Altar wieder auf.

2 Finde das Mosaik mit dem Papagei. Es schmückte damals den Palastboden in Pergamon. Schau, wie winzig die einzelnen Steine sind. Wenn du die Augen zusammenkneifst, denkst du vielleicht, dass der Papagei gemalt wurde. Wie viel Geduld es braucht, um ein solches Bild herzustellen! Bei dem Papageien handelt es sich um einen Halsbandsittich. Er ist hauptsächlich in Indien zu finden. Wahrscheinlich wurden diese Vögel von Alexander dem Großen nach Europa gebracht.

3 Sieh dir das Ischtar-Tor an. Das ist ein weiteres antikes Bauwerk, das aus dem Irak nach Europa transportiert wurde. Es wurde im alten Babylon während der Herrschaft von König Nebukadnezar II. erbaut. Es war Ischtar gewidmet, der Göttin der Liebe und des Krieges (interessante Kombination, oder?). Achte auf die wunderschönen, blau glasierten Steine und natürlich auf die Tiere: Löwen, Stiere und schlangenartige Wesen.

DER LOUVRE IN PARIS

Das größte Museum Frankreichs befindet sich teils in antiken, teils hochmodernen Räumen, was einen interessanten Kontrast darstellt (sieh dir auch die Glaspyramide im Innenhof an). Die meisten Besucher:innen beeilen sich, um schnell die *Mona Lisa* zu sehen, aber ich schlage dir etwas anderes vor.

DREI DINGE, DIE DU IM LOUVRE SEHEN SOLLTEST

1 Wirf einen Blick auf die *Venus von Milo*. Fällt dir auf, was fehlt? Niemand weiß, wo die Hände der Göttin sind. Und ist es wirklich Venus? Einige glauben, es könnte Artemis gewesen sein, die Göttin der Wälder und Tiere, oder die Mutter des Heroen Perseus. Du siehst, die Statue aus Milos birgt mehr Rätsel als das Lächeln der Mona Lisa.

2 Sieh dir die *Nike von Samothrake* an, eine Skulptur, die die geflügelte Siegesgöttin im Flug darstellt. Sie hat auch keine Hände (und keinen Kopf), aber zumindest wissen wir, was sie auf der Insel Samothrake tat: Sie drückte den Gottheiten im Heiligtum der Kabiren ihre Dankbarkeit für einen Sieg aus. Was für ein Sieg das war, wissen wir nicht genau, aber er war auf jeden Fall beeindruckend: Die Statue ist auch ohne Kopf fast zweieinhalb Meter hoch!

3 Besuch die geheimnisvoll lächelnde *Dame von Auxerre*, die im 7. Jahrhundert v. Chr. auf Kreta entstand. Auxerre ist natürlich kein kretischer Name. Die Einzigartigkeit dieser Skulptur wurde 1907 im Depot eines Museums in Auxerre in Frankreich erkannt, und ... anscheinend hatte niemand eine gute Idee für einen Namen. Forscher:innen spekulieren, dass die Figur eine Göttin darstellt, aber es könnte auch eine einfache Sterbliche sein.

DAS ÄGYPTISCHE MUSEUM IN KAIRO

In diesem Museum findest du Schätze des alten Ägypten! Es gibt wahre Wunder in jedem Raum.

DREI DINGE, DIE DU IM ÄGYPTISCHEN MUSEUM SEHEN SOLLTEST

1 Sieh dir die Totenmaske von Tutanchamun an, die aus vielen Kilogramm Gold (sowie Glas und Edelsteinen wie Lapislazuli und Türkis) hergestellt wurde. Die Beerdigung eines Pharaos war eine komplizierte Zeremonie, und die Herrscher wurden auch nach der Mumifizierung nicht einfach ins Grab gelegt. Tutanchamun ruhte in einem Sarkophag oder eigentlich in mehreren Sarkophagen, die ineinandergestellt wurden. Der bandagierten Mumie wurde eine Maske aufgesetzt, die zeigte, wie der Pharao zu Lebzeiten aussah (oder zumindest, wie er hätte aussehen sollen).

Dummerweise brach 2015 der Bart der Maske ab, und ein paar Museumsmitarbeiter klebten ihn – schief! – mit Kunstharzkleber wieder an. Als die Restauratoren das Unglück entdeckten, taten sie, was sie konnten, um den Schaden zu beseitigen.

Und wo wir gerade bei Tutanchamun sind: Schau dir die Schätze an, die in seinem Grab gefunden wurden.

2 Besuch die Mumie von Ramses II., dem am längsten regierenden Pharao. Wie du dich vielleicht erinnerst, wurde Ramses II. 90 Jahre alt. Woran er starb, ist nicht bekannt. Vielleicht wegen einer Zahnentzündung: Er hatte furchtbaren Karies.

Als die Mumie von Ramses II. 1974 zur Untersuchung per Flugzeug nach Paris gebracht wurde, erhielt sie einen ägyptischen Pass mit Lichtbild. Die Berufsbezeichnung war »König (verstorben)«.

PASS VON RAMSES II.

3 Wirf einen Blick auf die sogenannte Narmer-Palette, eines der ältesten Denkmäler altägyptischer Kunst. Es handelt sich um eine Platte aus grüngrauem Schiefer, auf der Kosmetik zum Schminken zermahlen wurde. Auf dem Flachrelief ist Narmer zu sehen, wie er gegen Feinde kämpft, der Pharao, der Ober- und Unterägypten vereinigte.

DAS METROPOLITAN MUSEUM OF ART IN NEW YORK

Es ist das älteste (gegründet Ende des 19. Jahrhunderts) und größte amerikanische Museum. Um es zu sehen, reicht nicht einmal ein ganzer Tag!

DREI DINGE, DIE DU IM MET SEHEN SOLLTEST

1 Finde das *Hippopotamus William*. Das ist eine kleine, sehr alte (fast 4000 Jahre) Statuette aus ägyptischer blauer Fayance. Sie wurde in ein Grab gelegt und sollte dort wohl eine magische Funktion haben (Nilpferde waren die heiligen

Tiere des Gottes Seth). Die Ägypter legten oft ähnliche Statuen in Gräber ... aber natürlich nannten sie das Tier nicht William. Das mit Lotusblumen bemalte Flusspferd erhielt diesen Namen 1931 in der Satirezeitschrift *Punch.* Seitdem ist William das Maskottchen des Museums.

HIPOPOTAM WILLIAM

2 Finde den Streitwagen von Monteleone. In der Antike wurden solche Gefährte unter anderem im Krieg eingesetzt: So kämpfte auch der persische König Dareios III. vom Streitwagen aus. Der Wagen von Monteleone stammt aus dem 6. Jahrhundert v. Chr. Er wurde von den Etruskern benutzt, den Bewohnern der mysteriösen Apenninenhalbinsel, über die wir immer noch nicht viel wissen.

Wir wissen auch nur wenig über Streitwagen. Insgesamt haben etwa 300 von ihnen auf der Welt überdauert, davon vielleicht sechs vollständig. Der Bronzewagen von Monteleone ist im besten Zustand. Er wurde 1902 von einem italienischen Bauern gefunden, der beim Ausheben eines Weinkellers ein altes Grab entdeckte. Er verkaufte den Streitwagen angeblich an Franzosen ... für zwei Kühe!

3 Sieh dir die *Sphinx der Hatschepsut* an. Diese bemerkenswerte Herrscherin aus dem 15. Jahrhundert v. Chr. regierte Ägypten, während damals alle anderen Pharaonen männlich waren. Wahrscheinlich hatte Hatschepsut Angst, den Thron zu verlieren, denn auf allen offiziellen Porträts wird sie als Mann mit Bart dargestellt.

Hatschepsuts undankbarer Nachfolger und Neffe Tuthmosis III. befahl, die Bilder seiner Tante zu zerstören. Die Sphinx mit dem Gesicht der Hatschepsut wurde ebenfalls in Stücke gebrochen. Archäolog:innen setzten sie nach Jahrtausenden sorgfältig wieder zusammen.

SPHINX DER HATSCHEPSUT

VASA-MUSEUM STOCKHOLM

Die schwedische Galeone Vasa sollte am Krieg mit Polen teilnehmen. Aber noch während der Jungfernfahrt am 10. August 1628 neigte sich das Schiff im Wind nach Backbord, Wasser floss durch die Löcher, in denen die Kanonen platziert waren, und das Schiff sank. Dann lag es 333 Jahre auf dem Meeresboden. Aber nicht die Bergung im Jahr 1961 war die größte technische Herausforderung, sondern die Konservierung. Das von Salzwasser durchweichte Holz zerfiel an Land. Die Wissenschaftler:innen besprühten es mit einem Konservierungsmittel, die Arbeit dauerte 17 Jahre!

Ich kann dir keine drei Dinge nennen, die du sehen solltest, denn du musst das Ganze betrachten: das Schiff und die Ausrüstung, die aus mehr als 14 000 Einzelteilen besteht. Achte aber besonders auf die Gesichter der etwa 30 Menschen, die an Bord der Vasa ertranken und mit der Methode von Gerassimov nachgebildet wurden.

SÜDTIROLER ARCHÄOLOGIEMUSEUM BOZEN

Hier begegnest du Ötzi. Der aus dem Gletscher ausgegrabene Mann, der vor mehr als 5000 Jahren starb, liegt in einer Kammer, in der Temperatur, Druck und die chemische Zusammensetzung der Luft genau kontrolliert werden. Du kannst ihn durch ein Fenster betrachten.

BEACHTE DABEI DREI DINGE:

1 Ötzis Hose: Eigentlich ist sie gar keine Hose, sondern es sind zwei separate Hosenbeine, die oben am Gürtel und unten an den Schuhen befestigt sind. Praktisch, oder? Vermutlich hat Ötzi seine Hose lange getragen, denn sie weist mehrere Reparaturspuren auf.

2 Ötzis Unterhose: Tatsächlich war sie eine Art Windel, die aus Lederstücken zusammengenäht war, zwischen die Beine gesteckt und am Gürtel befestigt wurde. Solche gepanzerten Unterhosen schützten die intimen Körperteile vor Kälte und Verletzungen.

3 Ötzis Tätowierungen: Er hatte 61 Stück, vor allem Linien. Sie wurden nicht mit einer Nadel gestochen, sondern in die Haut geschnitten, als Farbe diente Kohlestaub. Zum größten Teil waren diese Tätowierungen von der Kleidung verdeckt, daher fragen sich die Forscher:innen, ob sie medizinischer Natur waren, vielleicht eine Art Akupunktur.

MUSEO DEL ORO IN BOGOTÁ

Dieses Museum verfügt über die größte Sammlung von Goldgegenständen der Welt, die hauptsächlich von präkolumbianischen Kulturen (den indigenen Völkern Amerikas) hergestellt wurden. Hier kannst du dich endlich wie Indiana Jones fühlen. Aber nichts anfassen!

WENN DU NUR DREI DINGE IM MUSEO DEL ORO SEHEN WILLST:

1 Finde das *goldene Floß*. Schau dir an, wie originalgetreu die Details wiedergegeben wurden. Es ist nicht genau bekannt, wann dieses Werk geschaffen wurde (zwischen 600 und 1600 n. Chr.), aber es stammt aus der Chibcha-Kultur, die den östlichen Teil der Anden bewohnte.

Das goldene Floß stellt in einer Miniaturszene eine Zeremonie dar, bei der der Herrscher der Chibcha seinen Körper mit Goldstaub bedeckte und in den See Guatavita sprang, um den Göttern das Gold zu opfern. Er warf auch all seinen Schmuck ab. Stell dir diesen Schatz am Grund des Sees vor.

2 Sieh dir die von den Chibcha hergestellte *goldene Muschel* an. Sie sieht aus wie echt!

3 Wirf einen Blick auf den *goldenen Frosch* und andere Tierfiguren, die in der südamerikanischen Kunst so verbreitet waren. Frösche waren damals besonders wichtig, weil sie den Beginn der lang ersehnten Regenzeit darstellten.

DAS FORUM ROMANUM IN ROM

In der ehemaligen Hauptstadt des Römischen Reiches gibt es so viele tolle Museen, dass einem schwindelig werden kann. Das Forum Romanum ist eines davon, und zwar unter freiem Himmel. Auf dem Platz versammelten sich in der Antike die Bürger, dort befanden sich auch die wichtigsten Institutionen Roms. Viele Gebäude sind heute stark beschädigt. Nicht nur, weil seit ihrer Erbauung Jahrtausende vergangen sind, sondern auch, weil das Forum im Mittelalter als »Steinbruch« genutzt wurde: Es war einfacher, Gebäude abzureißen als Steine aus den Bergen zu holen.

WENN DU AUF DEM FORUM ROMANUM NUR DREI DINGE SEHEN WILLST:

1 Wirf einen Blick auf die Curia Iulia. Dort fanden die Sitzungen des Senats statt, der in der römischen Republik die wichtigsten Entscheidungen traf. Das Gebäude wurde im 6. Jahrhundert v. Chr. erbaut.

2 Sieh dir den Septimius-Severus-Bogen an, der 203 n. Chr. errichtet wurde, um an Roms Sieg im Krieg gegen die Parther zu erinnern. Es ist der am besten erhaltene Triumphbogen des Forum Romanum.

3 Finde den Lapis Niger, den schwarzen Stein. Es handelt sich um den Rest eines alten Tempels. So alt, dass sogar die Römer im späten Reich nicht wussten, wer darin verehrt wurde. Der Legende nach befand sich an seiner Stelle das Grab von Romulus – dem Gründer Roms, einem der Zwillinge, die von einer Wölfin großgezogen wurden.

WIE WIRD MAN ARCHÄOLOGIN ODER ARCHÄOLOGE

(UND WIE NICHT ...)

Vielleicht (das hoffe ich zumindest) hast du jetzt den Wunsch, Archäologin oder Archäologe zu werden. Da bisher nur 2% der Monumente aus den vergangenen Jahrhunderten ausgegraben wurden, hat der Beruf immer noch Zukunft! Ich sage dir, was du tun kannst, um deinen Wunsch zu erfüllen:

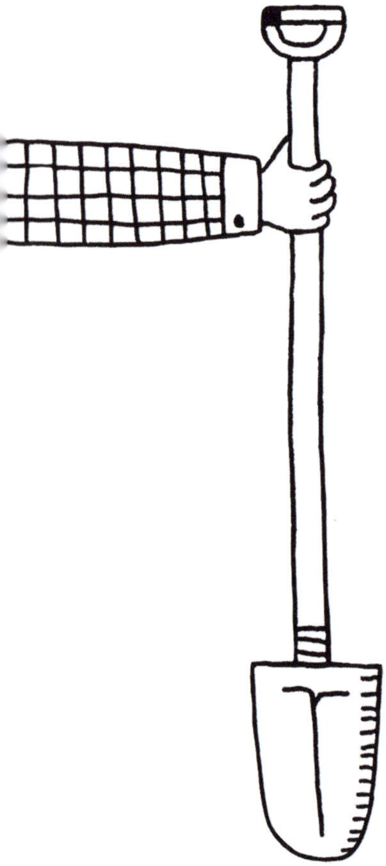

1 Lies Bücher über die Vergangenheit. Sie müssen nicht von der Antike handeln, auch das Mittelalter und spätere Epochen sind interessant. Denk daran, dass Archäolog:innen sowohl Artefakte von vor 10 000 als auch von vor 200 Jahren ausgraben.
2 Sieh dir im Fernsehen Dokumentarfilme über die Geschichte und die Archäologie an.
3 Besuche Museen. Sie sind überhaupt nicht langweilig, wenn man richtig hinsieht! Scheue dich nicht, nach zusätzlichen Infos zu fragen, und versuche immer, dir vorzustellen, wie die Menschen früher gelebt haben.
4 Finde eine Ausgrabungsstätte in deiner Nähe. In Städten werden archäologische Arbeiten oft anlässlich verschiedener Renovierungen durchgeführt. Frag Archäolog:innen, ob sie Freiwillige brauchen. Wenn du es schaffst, im Sommer einige Wochen lang bei einer Ausgrabung dabei zu sein, bekommst du ein richtiges Bild von der Arbeit.
5 Finde heraus, wo man in deiner Nähe Archäologie studieren kann. In Deutschland gibt es viele großartige archäologische Institute an mehreren Universitäten.

UND DIESE DINGE SOLLTEST DU DEFINITIV NICHT TUN:

1 Verschwende deine Zeit nicht damit, Bücher zu lesen und Filme anzusehen, in denen behauptet wird, dass großartige antike Bauwerke von Außerirdischen gebaut wurden. Ich weiß, dass diese Theorien interessant sind, aber die Wahrheit ist immer interessanter!
2 Such nicht mit einem Metalldetektor nach Schätzen. Mit so einem Gerät im Wald oder am Strand spazieren zu gehen, ist in Deutschland (außer in Schleswig-Holstein) zwar keine Straftat, aber man darf ohne Genehmigung nur nach neuem Geld oder verlorenem Schmuck suchen, nicht nach Denkmälern. Außerdem ist der größte

Schatz für Archäolog:innen nicht das entdeckte Objekt, sondern die Information! Und wenn du einen Fund ausgräbst, aber nicht ordentlich fotografierst, zeichnest und beschreibst, vernichtest du die Informationen unwiderruflich.

3 Wenn du dir Abenteuerfilme über Archäolog:innen ansiehst, solltest du nicht glauben, dass die Arbeit wirklich so aussieht. Indiana Jones und Lara Croft haben nie acht Stunden lang eine Schaufel geschwungen!

Viel Glück! Wir sehen uns in der Grube!

INHALT

MARTA GUZOWSKA

ist Autorin und Archäologin. Sie hat sogar einen Doktortitel, was bedeutet, dass sie diesen Beruf lange studiert hat. Sie nahm an Ausgrabungen in vielen Ländern Europas und des Nahen Ostens teil. In Chalasmenos auf Kreta überlebte sie ein Erdbeben und grub ein Dorf aus, das vor mehr als 3000 Jahren ebenfalls von einem Erdbeben zerstört worden war. Barfuß – um mit ihren Schuhen keine uralten Scherben zu zertreten – holte sie zerbrochene Göttinnenfiguren aus dem eingestürzten Tempel. In der Türkei erkundete sie Troja, die berühmteste archäologische Stätte der Welt. In Israel arbeitete sie auf einem Friedhof aus der mittleren Bronzezeit und bewahrte die Skelette ein paar Wochen lang unter ihrem Bett auf, weil im Depot zu wenig Platz war. Sie fand zwar nie etwas aus Gold, aber im Haus Bürgel in Deutschland mit einem Team der Universität Warschau trotzdem einen Schatz: über 100 Silbermünzen! Ein römischer Soldat hatte sie im Badehaus der Legion verloren.

Und sie grub nie einen Dinosaurier aus!

JOANNA CZAPLEWSKA
ist Illustratorin und Grafikdesignerin und studierte an der Akademie der Bildenden Künste in Danzig. Dort arbeitet sie als Assistentin. Sie lebt in Gdynia, fünf Minuten vom Meer entfernt, und wenn sie aus dem Fenster schaut, sieht sie kreischende Möwen. Sie ist Mutter von vier Einblättern und 35 anderen Topfpflanzen. Außerdem sammelt sie Bücher, vor allem illustrierte. Als Kind führte sie intensive archäologische Arbeiten im nahe gelegenen Wald durch, wo sie verschiedene Schätze vergrub und ausgrub. Sie liebt Indiana Jones, glaubt aber nicht an Aliens.

Titel der Originalausgabe: *Archeologia. Mumie, złoto i stare skorupy,*
2021 erschienen bei Wydawnictwo »Nasza Księgarnia«, Warschau

Anthropologische Beratung: Dr. hab. Wiesław Więckoski

Deutsche Erstausgabe

Ein Unternehmen der Média-Participations

Projektleitung & Lektorat: Elisabeth Leuthardt, Knesebeck Verlag
Übersetzung: Marlena Breuer, Sulzfeld
Umschlagadaption: Leonore Höfer, Knesebeck Verlag
Satz und Herstellung: Arnold & Domnick, Leipzig
Druck: NEOGRAFIA, a.s.
Printed in Slovakia

MIX
Papier aus verantwortungsvollen Quellen
FSC® C020353

ISBN 978-3-95728-718-2

www.knesebeck-verlag.de